하나님을 만나다

하나님을 만나다

지은이	최 식
발행인	최 식
발행처	도서출판 CPS
펴낸날	2017. 10. 25
등 록	No. 112-90-27429
주 소	경기도 의왕시 포일세거리로7. 3층
전 화	031)421-1025
팩 스	031)421-1027
홈페이지	www.cpsbook.co.kr

ISBN 979-11-88482-02-3

값 20,000원

ⓒ 판권 저자 소유
이 책의 일부분이라도 저자의 허락 없이는 무단 복제할 수 없습니다.

하나님을 만나다

그리스도인다움을 향한 첫 걸음

CPS 관점설교 시리즈 11

최 식 지음

Meet God

서 문

설교는 정말 힘들고 부담스러운 것인가?

며칠 전 이런 글이 페이스북에 올라왔습니다.
"설교자의 주말, 이대로 좋은가?"

글을 올린 설교자는 개척하고 토요일 두세 시간 이상 잠을 잔 적이 없다고 했습니다. 항상 토요일이면 밤을 새우며 설교를 준비했던 원로목사님의 영향을 받았다고 했습니다. 주말이면 설교 때문에 가족과 시간을 보내는 것은 엄두도 내지 못했다고 합니다.
 이 설교자의 글을 읽고 공감하는 설교자들이 아주 많았습니다. 어떤 설교자는 주말이면 아이들이 같이 놀아달라고 난리지만 설교 때문에 전혀 시간을 낼 수 없어서 너무 미안하다는 댓글도 올렸습니다.

정말 설교는 힘들고 부담스러운 것인가?
 설교자들에게 설교를 준비하는 일이 녹록한 것은 아닙니다. 하지만 설교가 짐이 되어서 잠을 이루지 못하고 가족과의 관계마저도 불편하게 한다면 문제가 아닐 수 없습니다.

주일을 지나면서 대부분의 설교자들은 후련함과 동시에 다음 주일은 어떤 본문으로, 무엇을 전달할 것인가와 어떻게 준비해서 전달할 것인지를 고민합니다.

다소나마 설교자들의 이런 고민을 덜어드리고 싶습니다. 관점설교는 설교자들의 공통된 고민들, 본문에서 무엇을 전할 것인가와 주어진 본문을 어떻게 설교문으로 작성하고 전달할 것인지에 대한 길잡이입니다.

이번에 출간되는 〈하나님을 만나다〉에서는 관점설교 방식으로 다양한 본문을 설교로 작성해 보았습니다. 모쪼록 관점설교 방식을 접하는 설교자들의 설교사역에 즐거움과 진보가 있기를 소원합니다.

2017. 10. 20
CPS 설교학교에서 최 식 목사

CONTENTS

서문

 절기설교

1. 부활절 롬 14:1–12 · 11
2. 맥추감사절 욜 2:18–27 · 21
3. 추수감사절 왕상 3:4–15 · 31
4. 어버이주일 창 49:28–33 · 41
5. 가정의 달 1 창 3:1~15 · 51
6. 가정의 달 2 창 2:21~24 · 61
7. 가정의 달 3 시 144:12~15 · 71
8. 가정의 달 4 창 35:1~5 · 81

 그러므로 내가

9. 그러므로 내가 사 29:9–14 · 91
10. 나는 어떤 사람인가? 왕하 23:1–20 · 101
11. 네 입을 크게 열라! 시 81:8–16 · 111
12. 노래하는 자들 대하 20:20~23 · 121
13. 떨어지고 없어지지 않도록 왕상 17:8–16 · 129

Meet God

PART 3 성소냐! 하나님이냐!

14. **성소냐! 하나님이냐!** 겔 11:14–21 · **139**
15. **아브라함과 하갈** 창 21:8–21 · **147**
16. **위기 탈출** 시 54:1–7 · **155**
17. **이삭을 낳다** 창 21:1–7 · **165**

PART 4 기다림

18. **말(모세의 말)** 신 5:1–6 · **175**
19. **사필귀정** 대상 10:7–14 · **183**
20. **기다림** 대상 11:1–3 · **191**
21. **충성** 대상 11:4–9 · **199**

PART 5 예수님의 감사

22. **예수님의 감사 1** 눅 10:21–24 · **209**
23. **예수님의 감사 2** 요 6:1–6 · **217**
24. **예수님의 감사 3** 요 11:36–44 · **227**
25. **예수님의 감사 4** 요 22:14–23 · **237**

1. 부활절
2. 맥추감사절
3. 추수감사절
4. 어버이주일
5. 가정의 달 1
6. 가정의 달 2
7. 가정의 달 3
8. 가정의 달 4

하나님을 만나다

1
절기 설교

Meet God

1
Meet God

내가 함부로 판단하고 정죄하는 형제는 예수님의 소유 된 자입니다. 그렇다면 그를 판단하고 정죄하는 것이 아니라 예수님을 판단하고 정죄하는 것입니다. 그래도 멈추지 않으시겠습니까?

부 활 절

이를 위하여
롬 14:1-12

핵심관점 **사나 죽으나**

이 본문은 부활절 설교입니다.

절기 설교는 제한적인 본문으로 설교를 진행해야 되기 때문에 시간이 지날수록 설교자들의 어려움이 크기 마련입니다. 하지만 같은 본문이라도 접근방법을 달리하면 새롭게 진행할 수 있습니다. 이번에는 일반적 접근으로 설교를 전개하려고 합니다.

설교를 이끄는 관점

* 교회 안에는 다양한 사람들이 존재합니다.

예를 들면, 아주 믿음이 좋은 사람들이 있습니다. 이런 분들은 보통 사람들은 도저히 견뎌내기 힘든 일이나 상황 앞에서 오직 믿음만을 앞세우고 거뜬히 이겨냅니다.

이런 분들은 곁에서 지켜보는 것만으로도 은혜가 됩니다. 우리 교회 안에도 이런 분들이 있습니다. 이런 분들이 주변에 있는 것만으로도 시시때때로 많은 도전이 됩니다.

* 반면에 믿음이 좀 연약한 분들도 있습니다.

현실적인 상황이나 신앙적인 문제로 조금만 힘들어도 금방 표시가 납니다. 원망을 늘어놓거나 한숨을 달고 삽니다. 나름 애써 힘든 모습을 감추려고 하지만 잘 되지 않습니다. 늘 주변을 의식하고 문제가 생기면 교회출석도 하지 않을 때가 많습니다.

* 이런 분도 있습니다.

저분이 정말 신앙인일까? 볼 때마다 고개를 갸우뚱하게 하는 분입니다. 세상적인 것들이 그를 감싸고 있어서 믿음의 정도를 도저히 가늠할 수가 없습니다. 때로는 이런 분들 때문에 주변 사람들에게 욕을 먹거나 손가락질당하기도 합니다. 믿는 자들이 보아도 좀 너무하다는 생각이 들기도 합니다.

이런 현상은 오늘 우리만의 문제는 아닙니다.

본문에 나타난 상황을 보면 로마교회 교인들도 우리의 모습과 크게 다르지 않은 것을 알 수 있습니다.

* 어떤 사람은 다른 사람을 함부로 비판하고 정죄했습니다(1절).

* 어떤 사람은 먹는 문제로 갈등을 겪었습니다(2절).

* 어떤 사람은 교회 안에 있는 지체들의 신분이나 삶의 정도를 문제 삼아 그들을 업신여기고 함부로 대함으로 상처를 주고 힘들게 했습니다(4절).

* 어떤 사람들은 신앙을 가졌지만 특정한 날을 지키라고 했습니다(5절).

* 어떤 사람은 음식을 먹지 않음으로 자신이 특별하다고 여기면서 다른 사람들을 업신여겼습니다(6절).

이런 문제들은 로마교회 안에 계속적인 혼란과 불편한 관계를 형성했습니다.

* 문제는 지금 로마교회 안에서 일어났던 일들이 우리도 신앙을 갖기 전에 일상적으로 하던 일들이라는 점입니다.

남을 함부로 비판하고, 음식을 구별하고, 음식을 두고 어떤 의식을 행하고, 신분을 차별하고, 특정한 날을 잡아서 이사하거나 결혼했습니다. 이런 일들을 한두 번 정도 안 해본 분들은 거의 없을 것입니다.

이상하지 않습니까?
세상에서 믿지 않을 때 하던 일들이 왜 교회 안에서 버젓이 계속되고 있습니까?
지금 이 모습이 정말 교회의 모습과 성도들의 모습이 맞습니까?

하나님의 목적으로 해결

믿기지 않겠지만 교회와 성도들의 모습이 맞습니다. 그래서 바울은 이런 일들이 교회 안에서 계속되지 말아야 하기에, 이런 일이 일어나는 원인과 처방을 본문을 통해 로마교회에 제시했습니다.

* 이런 일이 일어나는 원인

위에서 말한 교회 안의 혼란들은 그리스도인의 삶의 기준이 무너졌기에 일어나는 현상입니다. 문제가 닥쳤을 때 그리스도인으로서 해결의 기준을 모르기 때문에 이런 것 저런 것을 다 동원해서 해결하려는 몸부림들입니다.

* 해결방법

예수님께서 모든 문제들을 해결하시는 주, 즉 주인이 되심을 놓치지 않으면 됩니다.

6절 "날을 중히 여기는 자도 주를 위하여 중히 여기고 먹는 자도 주를 위하여 먹으니 이는 하나님께 감사함이요 먹지 않는 자도 주를 위하여 먹지 아니하며 하나님께 감사하느니라"

주를 위하여 날도 잡고, 주를 위하여 먹기도 하고, 주를 위하여 굶기도 하라고 합니다. 이는 삶의 기준을 예수님께 두라는 말입니다.

9절은 더 명백하게 이 사실을 알게 합니다!

"이를 위하여 그리스도께서 죽었다가 다시 살아나셨으니 곧 죽은 자와 산 자의 주가 되려 하심이라"

"이를 위하여", 우리의 모든 문제를 해결해주시는 "주=주인"가 되시려고 예수님께서 부활하셨다고 선언합니다. 예수님의 죽으심과 부활은 "이를 위하여", 즉 나의 모든 문제 해결을 위하여 예수님이 부활하셨습니다.

1. 예수님의 부활과 함께 나는 주의 것이 되었습니다.

8절 "우리가 살아도 주를 위하여 살고 죽어도 주를 위하여 죽나니 그러므로 사나 죽으나 우리가 주의 것이로다"

예수님의 부활은 나를 주의 것으로 삼는 결정적인 사건입니다. 예수님의 소유가 된 나는 무슨 일을 만나든지 걱정할 것이 없습니다. 사나 죽으나 예수님만 붙들고 놓지 않으면 모든 것은 예수님이 해결하십니다.

2. 이제는 멈추어야합니다.

10절 "네가 어찌하여 네 형제를 비판하느냐 어찌하여 네 형제를 업신여기느냐 우리가 다 하나님의 심판대 앞에 서리라"

내가 함부로 판단하고 정죄하는 형제는 예수님의 소유 된 자입니다. 그렇다면 그를 판단하고 정죄하는 것이 아니라 예수님을 판단하고 정죄하는 것입니다. 그래도 멈추지 않으시겠습니까?

또 하나, 내 기준과 판단을 앞세우는 것은 내 안에 부활의 예수님이 주가 되심을 무시하고 업신여기는 행위입니다. 예수님은 이런 자들이 심판대 앞에 서리라고 했습니다. 예수님을 판단하고 무시했으니 당연하지 않습니까?

3. 이 일은 우연이 아닙니다.

하나님께서 나를 위하여 이미 오래 전에 계획하신 일입니다.

11절 "기록되었으되 주께서 이르시되 내가 살았노니 모든 무릎이 내게 꿇을 것이요 모든 혀가 하나님께 자백하리라 하였느니라"

예수님의 부활은 모든 무릎을 예수님께 굴복하게 하시려는 하나님의 계획이 성취된 것입니다. 그러므로 예수님의 부활은 우연이 아니라 우리를 이기게 하시려는 하나님의 계획된 은혜입니다.
예수님의 부활은 모든 문제를 해결하는 기준입니다.
예수님의 부활이 있기에 하나님의 소유 된 자녀들은 더 이상 문제될 것이 없습니다.

관점으로 청중 적용

사랑하는 여러분!
부활신앙이 무엇입니까?
예수님의 부활을 믿는 자는 어떻게 살아야 합니까?

1. 부활 신앙은 세상의 풍습을 끊는 것입니다.

아직도 자신의 방법과 세상의 풍습을 좇는 자가 있다면 오늘 부활 신앙으로 다 몰아내시기를 바랍니다. 부활신앙은 세상적인 방법과 기준으로부터 결별을 선포한 것입니다.

이제는 버려야 합니다.
이제는 멈추어야 합니다.
더 이상은 세상의 것들이 나와 교회를 어지럽게 해서는 안 됩니다.

지금 나를 혼란스럽게 하는 정체가 무엇입니까?
먹는 것, 날을 중히 여기는 것, 특정한 의식이나 행위를 앞세우는 모든 것을 오늘 부활 신앙으로 다 끊어버리시기 바랍니다.

2. 부활신앙은 분명합니다.
예수님을 주로 인정하고 사나 죽으나 예수님을 중심으로, 예수님의 방법으로, 예수님을 모든 일의 기준으로 삼고 사는 것입니다.

1) 자신의 위치가 분명해야 합니다.
"나는 주님의 것입니다."
이렇게 자신의 정체성을 분명히 해야 합니다.
나의 생명과 나의 모든 것이 다 예수님의 것임을 분명히 고백하십시오! 예수님은 자기의 소유 된 백성을 책임져 주십니다. 지금 예수님께 고백합시다!

다 같이 세 번 따라서 고백합니다.
"나의 생명과 모든 소유가 예수님의 것입니다. 나의 주인은 예수님 뿐입니다."

  2) 내 마음대로 하려는 태도를 버리십시오!
  다 주의 것이라고 고백했으니 내 주장대로 하려는 태도를 버리고 모든 것을 예수님 중심으로 다시 시작하십시오!
  신앙의 최고 걸림돌은 "나"입니다. 나를 굴복시키고 제어하는 것이 예수님 중심으로 사는 것입니다. 지금 나를 주께 드리십시오!

  3) 살리는 자가 되십시오!
  예수님의 부활은 모든 것을 다시 일으켰습니다.
  부활신앙을 가진 자는 살리는 자입니다.
  부활신앙으로 살아난 자는 살리는 자입니다.
  교회와 주변을 살리는 자입니다.

청중 결단

  날마다 부활신앙을 선포하십시오!
  이것이 부활신앙 선포입니다.

  "나는 오늘도 새롭게 살아난 자다! 나는 오늘도 내 주변을 살리는 자다!"

  매일 아침 자신을 향하여 축복하고 살아나는 복을 누리시기 바랍니다.

1) 하루의 시작을 부활신앙 선포로 시작하십시오.

2) 문제 앞에서 부활신앙 선포로 극복하십시오.

3) 적극적으로 주변을 일으키는 자가 되기 위해서 이 부활신앙을 주변과 나누십시오.

2

Meet God

내가 사는 길은 하나님께로 돌아가는 것뿐입니다. 하나님을 떠난 시간들을 인정하고 회개해야 합니다. 무엇이 나를 하나님과 멀어지게 했는가를 철저하게 찾아내어 뿌리를 뽑아야 합니다.

맥 추 감 사 절

때가 왔습니다
욜 2:18-27

핵심관점 그때에

브두엘의 아들 요엘에게 임한 여호와의 말씀은 참혹하고 황폐했습니다. 온 땅에 재앙이 임하여 식량은커녕 여호와께 드릴 제물조차 구할 수 없을 만큼 힘겨운 상황이었습니다.

1:4절 "팥중이가 남긴 것을 메뚜기가 먹고 메뚜기가 남긴 것을 느치가 먹고 느치가 남긴 것을 황충이 먹었도다"

이는 재앙으로 인한 완전 전멸의 상황을 말해주는 부분입니다.
* 1:16-18절을 보면 더 처절한 현실을 볼 수 있습니다.

"먹을 것이 우리 눈앞에 끊어지지 아니하였느냐 기쁨과 즐거움이 우리 하나님의 성전에서 끊어지지 아니하였느냐 씨가 흙덩이 아래에서 썩어졌고 창고가 비었고 곳간이 무너졌으니 이는 곡식이 시들었음이로다. 가축이 울부짖고 소 떼가 소란하니 이는 꼴이 없음이라 양 떼도 피곤하도다"

마치 거센 비바람이 모든 것을 휩쓸고 지나간 자리처럼, 폐허가 된 전장의 끝자락처럼 황폐하기 그지없는 이 현실을 어찌 한단 말입니까!

* 왜 이런 참혹한 재앙이 임했을까요?
2:12-14절을 보면 그 해답이 나옵니다.

"여호와의 말씀에 너희는 이제라도 금식하고 울며 애통하고 마음을 다하여 내게로 돌아오라 하셨나니 너희는 옷을 찢지 말고 마음을 찢고 너희 하나님 여호와께로 돌아올지어다 그는 은혜로우시며 자비로우시며 노하기를 더디하시며 인애가 크시사 뜻을 돌이켜 재앙을 내리지 아니하시나니 주께서 혹시 마음과 뜻을 돌이키시고 그 뒤에 복을 내리사 너희 하나님 여호와께 소제와 전제를 드리게 하지 아니하실는지 누가 알겠느냐"

하나님을 떠난 것이 이 재앙과 고통의 원인이었습니다. 그래서 하나님은 금식하며 울며 애통하고 마음을 다하여 돌아오라고 하십니다. 옷을 찢지 말고 마음을 찢으며 너희 하나님께 돌아오면 그 때에 뜻을 돌이켜서 재앙을 내리지 않으시겠다고 약속을 하셨습니다.

설교를 이끄는 관점

이 말씀은 백성들이 뜻을 돌이키면 그 때에 하나님도 움직이시겠다는 말입니다. 백성들이 먼저 회개하고 돌아와야 하나님께서도 재앙을 멈추신다는 말입니다.

18절 "그때에 여호와께서 자기 땅을 지극히 사랑하시어 그의 백성들을 불쌍히 여길 것이라"

하지만 지금 상황이 얼마나 시급합니까?
지금 먹을 것이 없어서 사람도 짐승도 다 죽어가는 상황에 꼭 이렇게까지 하셔야 되는 것입니까?

하나님이 먼저 재앙을 거두시면 안 되는 것입니까?
하나님께서 먼저 재앙을 거두시고 백성들에게 또 다시 나를 떠나면 더 무서운 재앙을 내릴 것이니 정신 차리라고 하시면 안 됩니까?

왜 하나님께서는 먼저 은혜를 베푸시기를 주저하고 계실까요?
왜 하나님은 그 때를 고집하고 계실까요?

하나님의 목적으로 해결

우리 하나님은 악과 타협하시는 분이 아니심을 기억해야 합니다.
하나님은 자기 백성들을 너무도 잘 아십니다. 만일 이 상황에서 하나님이 먼저 재앙을 거두신다면 백성들은 더 큰 악에 빠질 것을 아시기 때문입니다.

백성들은 하나님이 또 이러시다 멈추실 것이라는 생각에 더 많은 죄악과 더 심각한 타락으로 빠져들 것을 아시기 때문입니다.

그래서 하나님은 이 백성들 스스로 죄악을 버리고 자복하고 회개하면 그동안 안타까운 심정으로 참고 견디신 하나님의 사랑을 쏟아부으셔서 그 동안 누리지 못했던 모든 것을 더 많이 더 넘치도록 누리게 하시려고 기다리고 계신 것입니다.

그러므로 하나님께서 기다리시는 그 때는 회개와 애통의 날이면서 기쁨과 즐거움의 날이 될 것입니다.

* 하나님께 돌아오는 그 때는 모든 것이 넘쳐납니다.

1. 배고픔의 현실을 풍족함으로 바꾸어 주십니다(19절).
2. 원수들을 물리치사 근심과 염려를 몰아내어 주십니다(20절).
3. 주변의 모든 것에서 부족을 느끼지 못합니다(22절).
4. 이를 위하여 하나님이 친히 때를 따라서 이른 비와 늦은 비를 내리셔서 모든 것을 회복하시고 기쁨과 즐거움으로 채우십니다(23-24절).
5. 절대로 어느 누구로부터도 수치와 업신여김을 당하지 않는 하나님의 백성으로 살게 하십니다(25-26절).

관점으로 청중 적용

사랑하는 여러분!

1. 우리는 지금 어느 때를 살고 있습니까?

지금 우리 주변은 배고픔과 굶주림에 시달리는 사람들도 있지만, 대부분의 사람들은 풍족하고 넘쳐나는 삶을 살고 있습니다.

하지만 너무도 안타까운 일들이 주변에서 일어나고 있습니다. 우울증, 자살, 정신분열, 분노조절 장애와 같은 질병들은 무섭게 증가하고 있습니다.

이성을 잃고 행동하는 자들이 증가하고 있습니다.
감정을 통제하지 못하는 자들이 증가하고 있습니다.
올바른 판단과 자신의 위치를 망각하고 행동하는 자들이 증가하고 있습니다.
날이 갈수록 아무렇지 않게 극단적인 행동을 하는 자들도 증가해가고 있습니다.

먹을 것과 입을 것이 넘쳐나고, 눈만 뜨면 온갖 좋은 것들이 넘쳐나고 가득가득 쌓여있는데 왜 이런 일들이 멈추지 않는 것일까요?

또한 실패와 좌절을 거듭하는 사람들도 적지 않습니다.
한숨과 걱정이 마를 날이 없는 자들도 적지 않습니다.
정도의 차이는 있지만 힘들고 지친 자들이 한둘이 아닙니다.

왜 우리는 이런 상황들을 쉽게 이겨내지 못할까요?
* 하나님을 잃어버렸기 때문입니다.
이것은 하나님을 떠난 자들의 자연스런 형상입니다.
하나님을 떠났기 때문에 이런 일들은 피할 수 없습니다.

방법은 한 가지 뿐입니다. 하나님께 돌아가는 것입니다.

2. 지금은 하나님의 은혜가 필요한 그 때입니다.
지금이 내 일생에 가장 귀중한 때입니다.

1) 지금 나의 모습을 점검해야 할 때입니다.
하나님과 멀어져있는 시간은 아닙니까?
은혜가 고갈되어서 세상 것으로 채우려고 허덕이지는 않습니까?
신앙은 껍데기뿐이고 진짜 속마음은 다른 곳에 빼앗기지는 않았습니까?
무엇인가 발버둥치고 애써보지만 힘만 빠지고, 되는 것 같은데 되지 않고, 같은 자리를 맴돌고 있지는 않습니까?

문제를 찾아야 합니다.
원인을 분석해야 합니다.
시간이 없습니다.
성경의 거울로 나를 비추어 보십시오!

2) 지금은 믿음으로 나를 일으켜 세워야 할 때입니다.
내가 사는 길은 하나님께로 돌아가는 것뿐입니다.

* 하나님을 떠난 시간들을 인정하고 회개해야 합니다.
* 무엇이 나를 하나님과 멀어지게 했는가를 철저하게 찾아내어 뿌리를 뽑아야 합니다.
* 하나님께 돌아가지 않으면 시간이 갈수록 더 깊은 수렁에 빠지

게 됩니다. 이제는 그만 멈추어야 합니다.

3) 하나님은 기다리고 계십니다.
하나님께 돌아가기만 하면 모든 것은 정상이 됩니다.

* 그동안 힘들었던 모든 것이 하나님의 방법으로 회복됩니다.
  하나님은 회복과 치유를 주시려고 기다리고 계십니다.
* 더 이상 하나님을 기다리게 해서는 안 됩니다.
  하나님의 사랑은 내 생각보다 크고 넓고 깊으십니다.
* 상상할 수 없는 계획들을 준비하고 계십니다.
  돌아가는 자만이 이 복을 누릴 수 있습니다.

믿음은 그 때를 알고 돌아가는 것입니다.
믿음은 하나님의 준비 된 즐거움과 기쁨의 때를 찾는 것입니다.

청중 결단

맥추 감사주일입니다.

감사로 하나님께 돌아갑시다.
지난 시간들을 철저하게 회개하고 낮은 마음으로 감사의 자리로 나아갑시다. 감사로 부족의 주머니를 채우시는 하나님을 만납시다.

우리의 감사는 사라졌던 기쁨과 즐거움을 돌아오게 합니다.

우리의 감사는 잃어버린 햇수대로 채워주십니다.

우리의 감사는 하나님의 이름을 저절로 찬양하도록 은혜를 주십니다.

우리의 감사는 사람들에게 느꼈던 수치와 부끄러움이 다시는 없게 합니다.

우리의 감사로 언제나 하나님이 떠나지 않으시고 함께 하십니다.

3
Meet God

일천 마리의 짐승을 한꺼번에 드렸다는 것은 그만큼 솔로몬의 심정이 절실했다는 의미입니다. 이런 솔로몬의 심정을 하나님께서도 아셨습니다.

추 수 감 사 절

내가 네게 무엇을 줄꼬?

왕상 3:4-15

핵심관점 **일천 번제**

솔로몬은 다윗이 이룩한 통일왕국시대의 전성기 21살, 비교적 어린 나이에 왕위에 오릅니다.

왕위에 오른 솔로몬은 고민이 많았을 것입니다. 아버지 다윗의 존재감이 온 나라와 백성들 곳곳에 남아있었고, 밧세바의 아들이라고 여전히 색안경을 끼고 자신을 바라보는 신하들의 눈길도 피할 수 없었기 때문입니다. 나라는 부강했고 전쟁도 그쳤지만 왕의 마음은 그리 편안하지 못했습니다.

이런 시점에서 솔로몬이 애굽 바로 왕의 딸과 혼인합니다. 이는 솔로몬의 속셈이 담긴 정약결혼입니다. 애굽의 군사력과 경제력을 이용하려는 솔로몬의 계획된 정치속셈입니다. 그때까지는 성전이 건축되지 않았기에 산당에서 하나님께 제사를 드렸습니다.

2-3절 "그 때까지 여호와의 이름을 위하여 성전을 아직 건축하지 아니하였으므로 백성들이 산당에서 제사하며 솔로몬이 여호와를 사랑하고 그의 아버지 다윗의 법도를 행하였으나 산당에서 제사하며 분향하더라"

설교를 이끄는 관점

솔로몬이 하나님을 사랑하고 아버지 다윗의 법도를 따랐지만 산당에서 제사했음을 지적합니다. 산당이란 이방신들을 위하여 제사하던 곳입니다.

솔로몬이 제사하던 장소는 기브온 산당입니다. 솔로몬이 이 기브온 산당에서 엄청난 일을 합니다.

4절 "이에 왕이 제사하러 기브온으로 가니 거기는 산당이 큼이라 솔로몬이 그 제단에 일천 번제를 드렸더니"

* 여러분, 일천 번제가 무엇인지 아십니까?

병행구절인 역대하 1:6에 보면 "일천(一千) 희생(犧牲)으로 번제(燔祭)를 드렸더라"고 했습니다.

히브리어 성경에 보면 열왕기상 3:4과 역대하 1:6에서 모두 일천 번제에 해당하는 히브리어 אלף עלות (엘레프 올로트)는 일천 마리의 제물을 한꺼번에 태워서 드린 제사를 말하고 있습니다.

영어성경(KJV, NASB)들에서도 'a thousand burnt offerings'로 나와 있는데, 관사 'a'가 'burnt offerings' 앞에 나오지 않고 'thousand burnt offerings' 앞에 있는 것은 일천 번제가 한꺼번에 드린 제사라는 것을 나타냅니다.

* 왜 이런 제사를 한꺼번에 했을까요?
지금까지 어느 누구도 이런 제사를 드린 적이 없습니다. 성경 어디에서도 이런 제사를 드리라고 명시된 곳도 없습니다.

* 생각해보십시오!
천 마리의 짐승들을 잡아서 한 마리씩 제사의 조건에 합당하도록 준비했다면 하루 이틀에 될 일이 아닙니다. 그리고 일천 마리의 짐승을 한꺼번에 번제, 태워서 드렸다면 그 광경은 상상할 수 없을 만큼 대단했을 것입니다.

* 더구나 일천 번제를 드린 곳이 기브온 산당입니다.
이곳은 과거 그 조상들이 여호수아를 속이고 화친을 맺고 살아남은 자들이 자신의 신들에게 제사하던 곳입니다.
왜 하필 이런 장소에서 일천 번제를 드렸을까요?

일천 번제를 드린 솔로몬의 본심은 무엇입니까?
일천 번제를 드려서라도 하나님께 나아가야 할 만큼 솔로몬을 절실하게 한 것은 무엇일까요?

하나님의 목적으로 해결

솔로몬은 백성들에게 인정받고 싶었습니다. 하지만 어떻게 해야 할지 몰랐습니다. 그래서 하나님께 일천 번제를 드려서 방법을 찾으려고 했습니다.

일천 마리의 짐승을 한꺼번에 드렸다는 것은 그만큼 솔로몬의 심정이 절실했다는 의미입니다. 이런 솔로몬의 심정을 하나님께서도 아셨습니다. 그리고 곧바로 솔로몬의 꿈에 찾아오셨습니다. 일천 번제는 하나님도 놀라게 했습니다.

> 5절 "기브온에서 밤에 여호와께서 솔로몬의 꿈에 나타나시니라 하나님이 이르시되 내가 네게 무엇을 줄꼬 너는 구하라"

하나님은 솔로몬이 원하는 것은 다 들어주시겠다고 약속하셨습니다. 이에 대한 솔로몬의 심정이 9절에 나타납니다.

> "누가 주의 이 많은 백성을 재판할 수 있사오리이까 듣는 마음을 종에게 주사 주의 백성을 재판하여 선악을 분별하게 하옵소서"

1. 솔로몬이 구한 것은 듣는 마음입니다.

백성들이 무슨 생각을 하는지, 백성들을 어떻게 다스리고 살펴야 하는지 듣고자 했습니다. 특별히 송사가 생겼을 때 억울한 자가 없도록 재판할 수 있게 백성들의 마음을 헤아릴 수 있도록 듣는 마음, 상대의 입장에서 공정하게 선과 악을 분별하는 능력을 구했습니다.

2. 이는 솔로몬의 솔직한 심정입니다(7-8절).

"나의 하나님 여호와 주께서 종으로 종의 아버지 다윗을 대신하여 왕이 되게 하셨사오나 종은 작은 아이라 출입할 줄을 알지 못하고 주께서 택하신 백성 가운데 있나이다 그들은 큰 백성이라 수효가 많아서 셀 수도 없고 기록할 수도 없사오니"

솔로몬도 백성들이 두려웠습니다. 하나님의 방법이 없다면 자신은 도저히 이 백성들을 감당할 수 없으니 길을 열어달라는 소원입니다.

3. 하나님은 솔직한 솔로몬의 소원을 응답하셨습니다.

그의 심정이 하나님의 마음을 감동시켰습니다(10절).
오직 솔로몬에게만 총명한 마음을 주셨습니다(12절).
그가 구하지 않은 최고의 부귀와 영화도 겸하여 주셨습니다(13절).
응답을 받은 자가 어떻게 살아야 되는지를 일깨워 주셨습니다(14절).

4. 솔로몬은 꿈에서 깨어나 예루살렘으로 갑니다.

"솔로몬이 깨어 보니 꿈이더라 이에 예루살렘에 이르러 여호와의 언약궤 앞에 서서 번제와 감사의 제물을 드리고 모든 신하들을 위하여 잔치하였더라"

그가 예루살렘으로 간 것은 여호와의 언약궤 앞에서 다시 번제와 화목제를 드리기 위해서입니다. 여호와의 언약궤 앞에서 드리는 제사가 진정한 제사임을 깨닫고 화목제를 드려서 하나님과의 관계를 새롭게 고백한 것입니다.

그 결과 솔로몬은 전무후무한 지혜의 사람으로 세워졌습니다(왕상 10:23절).

관점으로 청중 적용

오늘날 여러 교회와 성도들이 일천 번제라는 헌금을 드립니다.

바로잡아야 할 것은 일천 번을 드리는 제사, 혹은 헌금이 아닙니다. 한꺼번에 일천 마리의 제사를 드린 것을 잊지 말아야 합니다.

또 한 가지는 일천 번제 헌금을 드리는 목적입니다. 마치 일천 번제가 불가능한 문제를 해결하는 방법처럼 이용되는 것입니다.

1. 특별한 목적을 가진 자는 다른 사람들과 다르게 자신만의 방법(믿음)으로 하나님께 나아갈 수 있습니다.

* 어떤 사람이 자신만의 방법(믿음)으로 하나님께 나아가서 헌금하거나 예배를 드리면서 응답받을 수 있습니다. 하지만 이 방법이 모두에게 적용되는 응답의 방법은 아닙니다.

* 무엇을 얼마나 드릴 것인지에 대하여 시험당하지 않아야 합니다.
아무리 많은 것을 드린다 해도 그것을 드리는 자의 심정에 기쁨이 없다면 하나님께서 응답하실 수 없습니다.

2. 하나님께서는 드리는 자의 심정을 먼저 보십니다.
이는 심정만 바르면 아무것도 드리거나, 안 드려도 된다는 말이 아닙니다.

헌금과 예배에는 분명한 신앙이 우선해야 된다는 말입니다.

1) 헌금은 믿음의 고백입니다.

그 사람이 드리는 헌금은 그 사람이 하나님을 향하여 가진 믿음의 정도입니다. 드린 정도만큼 응답을 받는 응답의 수단이 아닙니다. 일천 번제라서 응답받은 것보다 일천 번제를 드릴 수 있는 솔로몬의 중심을 먼저 보셨기 때문에 찾아오신 것입니다.

2) 헌금은 하나님께 드리는 것입니다.

헌금에 대한 자기주장을 버려야 합니다. 내가 얼만큼 드렸기에 나도 그만큼의 권리를 주장할 수 있다는 생각을 버려야 합니다.

우리는 헌금을 드리는 자입니다. 드린 결과에 대한 것은 하나님의 몫입니다.

3) 하나님은 헌금 드리는 자를 보십니다.

우리는 헌금의 액수에 관심이 많지만 하나님은 헌금 드리는 자의 신앙과 삶을 먼저 보십니다.

헌금 드리는 자가 응답의 대상입니다. 헌금을 앞세우지 말고 신앙을 앞세워야 합니다.

청중 결단

추수감사는 특별한 목적을 가진 헌금입니다.
추수헌금은 하나님께서 명령하신 헌금입니다.

그러므로 드리지 못하는 것은 불신앙입니다.
한 해 동안 주신 결과를 하나님께 믿음으로 고백하는 시간입니다.
주신 결과대로, 형편대로 정성 다해 드려야 합니다.

일천 번제처럼 특별한 목적을 가진 추수감사를 드릴 수 있습니다.
자신만의 특별한 목적을 하나님께 아뢰어 응답을 받을 수 있습니다.
이는 나와 하나님과의 특별한 관계를 나타내는 헌금입니다.

추수감사는 복 받는 시간입니다.
드리라 하심은 복 주실 계획을 말씀하신 것입니다.

4

Meet God

우리가 받을 복의 분량은 우리의 지나온 삶의 내용이 근거입니다. 복 받을 근거가 없는 자녀들은 복 대신 아픔과 고통이 옵니다. 이것이 복 받을 분량입니다. 자녀들의 지나 온 삶을 부모보다 더 잘 아는 사람은 없습니다. 그래서 하나님은 아버지를 통하여 자녀들을 축복하게 했습니다.

어버이주일

그들의 아버지가 축복하였으니
창 49:28–33

핵심 관점 그들의 복

요즘에는 '어버이'라고 하면 다른 이미지가 먼저 떠오를 수도 있지만, 미국의 '어머니날'에서 출발한 세계의 어버이날은 전쟁의 아픔을 치유하기 위한 숭고한 정신에서 기원했습니다.

어머니날(어버이날)은 169개국에서 기념합니다. 미국과 일본, 중국, 벨기에, 쿠바, 독일, 핀란드, 케냐, 페루, 터키, 우간다, 스위스 등 84개국은 매년 5월 둘째 주 일요일을 어머니날로 정하고 있습니다.

2016년에는 5월 둘째 주 일요일이 8일이어서 한국을 비롯해 85개국이 같은 날 부모의 은혜를 되새기게 됐습니다.

나라마다 어버이날을 지키는 방식에는 차이가 있겠지만 어버이의 고마움을 잊지 않겠다는 그 뜻은 모든 나라 자녀들의 한결 같은 마음입니다. 처음 어머니날을 만든 나라는 미국이라고 하지만 그보다 앞서 성경은 네 부모를 공경하라고 했음을 기억해야 합니다.

본문 야곱의 모습을 통하여 어버이 주일에 주시는 하나님의 음성을 깨달으려고 합니다.

설교를 이끄는 관점

28절 "이들은 이스라엘의 열두 지파라 이와 같이 그들의 아버지가 그들에게 말하고 그들에게 축복하였으니 곧 그들 각 사람의 분량대로 축복하였더라"

아버지 야곱이 그의 아들들을 축복하는 장면이 나옵니다. 여기서 주목할 부분은 두 가지입니다. 하나는, 자식들의 앞날이 잘되기를 바라는 아버지의 마음입니다. 충분히 이해가 됩니다.

그렇다고 해서 아버지가 축복하는 대로 그 복이 자식에게 그대로 이루어지는가에 대한 의문점을 갖습니다.

만일 부모의 심정대로 된다면 복을 누리지 못하는 자식이 어디 있겠습니까?

또 하나는, 아버지 야곱이 "그들 각 사람의 분량대로 축복하였더라"는 부분입니다. 이 말은 각 아들들이 복 받을 분량이 정해져 있다는 뜻입니다. 당사자가 더 많은 복을 원해도 이미 분량이 정해져 있으니 소용없다는 말입니다.

그렇다면 야곱은 그 아들이 받을 복의 분량을 미리 어떻게 알고 축복했을까요? 정말 사람마다 받을 복의 분량이 미리 정해졌는지 궁금하지 않을 수 없습니다.

여러분들의 생각은 어떻습니까?
내가 아무리 발버둥쳐도 이미 받을 복의 분량이 정해져 있다면 정말 힘 빠지는 일이 아닌가요?

오늘 우리는 이 말씀을 어떻게 받아야 할까요?

하나님의 목적으로 해결

결론부터 말하자면 모두가 사실입니다.
오늘 야곱의 모습은 우리를 향하신 하나님의 심정이기 때문입니다. 하나님은 우리 모두가 정말로 큰 복을 받고 살아가기를 원하십니다.

1. 야곱의 아들들을 향한 축복은 효력이 있습니다.
창 27장을 보면 야곱도 그의 아버지 이삭으로부터 복을 받은 적이 있습니다.

23-29절 "그의 손이 형 에서의 손과 같이 털이 있으므로 분별하지 못하고 축복하였더라 이삭이 이르되 네가 참 내 아들 에서냐 그가 대답하되 그러하니이다 이삭이 이르되 내게로 가져오라 내 아들이 사냥한 고기를 먹고 내 마음껏

네게 축복하리라 야곱이 그에게로 가져가매 그가 먹고 또 포도주를 가져가매 그가 마시고 그의 아버지 이삭이 그에게 이르되 내 아들아 가까이 와서 내게 입맞추라 그가 가까이 가서 그에게 입맞추니 아버지가 그의 옷의 향취를 맡고 그에게 축복하여 이르되 내 아들의 향취는 여호와께서 복 주신 밭의 향취로다 하나님은 하늘의 이슬과 땅의 기름짐이며 풍성한 곡식과 포도주를 네게 주시기를 원하노라 만민이 너를 섬기고 열국이 네게 굴복하리니 네가 형제들의 주가 되고 네 어머니의 아들들이 네게 굴복하며 너를 저주하는 자는 저주를 받고 너를 축복하는 자는 복을 받기를 원하노라"

야곱이 아버지 이삭으로부터 받은 복은 하늘의 복과 땅의 기름진 복과 열국이 굴복하는 복(자녀의 복)과 축복하는 자에게 복이 임하는 복을 받았습니다. 그리고 야곱은 아버지가 축복한대로 축복의 주인공이 되었습니다.

하나님은 당신의 자녀들을 축복하는 통로로 아버지를 사용하셨습니다. 부모는 자식을 축복하는 하나님의 통로입니다.

2. 각 아들은 복의 분량이 정해져 있습니다.

맞습니다! 아버지 야곱은 무작정 자식이 복 받기를 바라는 아비의 심정만으로 복을 남발하지 않았습니다.

아버지 야곱은 자기의 아들들이 받을 복에 대한 분명한 기준이 있었습니다.

3-4절 "르우벤아 너는 내 장자요 내 능력이요 내 기력의 시작이라 위풍이 월등하고 권능이 탁월하다마는 물의 끓음 같았은즉 너는 탁월하지 못하리니 네가 아버지의 침상에 올라 더럽혔음이로다 그가 내 침상에 올랐었도다"

르우벤은 장자였습니다.

장자란 아비를 대신하는 집안의 가장입니다. 반드시 복을 받아야 할 자입니다.

어떤 아비나 어미가 장자가 받을 복을 무시하겠습니까? 하지만 르우벤은 아무런 복을 받지 못했습니다. 이유가 있었습니다.

"네가 아버지의 침상에 올라 더럽혔음이로다 그가 내 침상에 올랐었도다"

이 부분은 르우벤이 복을 받지 못하는 타당한 이유가 있음을 아버지의 입을 통하여 하나님께서 말씀하셨음을 잊지 말아야 합니다.

하나님은 복을 받을 자와 받지 못할 자를 분명히 알고 계십니다.
복 받을 근거가 없는 자녀들은 복 대신 아픔과 고통이 옵니다. 이것이 복 받을 분량입니다.

3. 우리가 살아온 내용대로 복을 받습니다.
자녀들의 지나 온 삶을 부모보다 더 잘 아는 사람은 없습니다. 그래서 하나님은 아버지를 통하여 자녀들을 축복하게 했습니다.

결국 우리는 부모와의 관계에서 복을 누리게 된다는 것을 명심해야 합니다. 부모의 눈에 새겨진 나의 모습은 하나님의 가슴에 새겨진 나의 복 받을 모습입니다. 그렇다면 어떻게 살아야 할 것인가를 점검해야 합니다.

관점으로 청중 적용

사랑하는 여러분!
1. 나는 복 받을 자녀입니까?
나는 어떤 자식의 모습을 나의 자식에게 보여주고 있습니까?
요즘 우리사회는 그 옛날 동방예의지국이니 효의 나라이니 하는 말들이 무색할 지경입니다. 부모의 권위나 자식의 도리를 말하는 것조차 어색한 세상이 되어버렸습니다.
나이 든 아비나 어미를 돌보지 않는 자식들이 늘어가고 있고, 나이 든 아비나 어미들도 자식에게 짐이 되는 것이 부담스러워 극단적인 선택을 하는 경우가 자주 일어나고 있습니다.

이것은 한 가정의 문제가 아닙니다.
우리들의 내일이 걸린 우리 모두의 문제입니다. 다소 설교가 불편해도, 부담스러워도 그냥 넘어가서는 안 되는 일입니다. 내일 우리의 자녀들이 복을 잃고서 고통의 시간을 보내서는 안 되기 때문입니다.

2. 부모와의 관계는 내가 받을 축복의 통로입니다.
하나님은 부모를 통하여 나를 축복하기를 원하십니다. 다른 것을 다 잘해도 이 부분을 소홀히 한다면 지금 잘하는 그것이 소용이 없을지도 모릅니다.

1) 부모님들과 불편한(부담스런) 관계를 회복하십시오!
시부모나 친정 부모를 구분하여 생각하지 마십시오. 자식의 입장에서 얼마든지 이해할를 수 없는 부분이 있을 수 있습니다. 부모를 이해하려고 하지 말고 섬기려는 생각으로 바꾸어 본다면 다소 불편함이 해소 될 수도 있습니다. 불편함이 없을 수는 없지만 이 불편함을 지속하는 것은 복을 잃어버리는 일입니다.

2) 섬긴 만큼 복이 온다 해도 가만히 있겠습니까?
복 주시려는 하나님의 심정을 부모들의 눈에 맡겼습니다. 부모 섬김은 억지로라도, 흉내만 내어도 하나님은 복을 주십니다.
근거가 없는 복은 복이 아닙니다.
지금 나만을 생각하지 말고, 내 자식의 자식을 생각하는 믿음으로 부모님께 나아가십시오!

3) 내가 복을 받지 못하면 채우지 말아야 할 것들이 채워집니다.
창 27장에 복을 잃어버린 에서에게 저주가 임했음을 밝히는 이유를 우리는 알아야 합니다. 복을 잃어버린 에서의 울부짖음에 아버지 이삭은 냉정한 저주를 선고했습니다.

창 27:38-40절 "에서가 아버지에게 이르되 내 아버지여 아버지가 빌 복이 이 하나 뿐이리이까 내 아버지여 내게 축복하소서 내게도 그리하소서 하고 소리를 높여 우니 그 아버지 이삭이 그에게 대답하여 이르되 네 주소는 땅의 기름짐에서 멀고 내리는 하늘 이슬에서 멀 것이며 너는 칼을 믿고 생활하겠고 네 아우를 섬길 것이며 네가 매임을 벗을 때에는 그 멍에를 네 목에서 떨쳐버리리라 하였더라"

청중 결단

축복을 받고 축복을 남기라!
야곱의 유언은 재산을 분배하는 시간이 아니었습니다. 그의 아들들을 축복하는 시간이었습니다.

우리도 할 수 있습니다.
자녀들에게 축복을 선포하는 부모가 됩시다.
부모의 축복을 사모하는 자녀가 됩시다.

어버이날 부모님께 맛있는 식사를 대접하며 기쁜 마음으로 자식들이 축복을 받는 날로 삼아봅시다.
올해부터 어버이날은 부모님께 축복을 받는 날로 삼읍시다. 이 날 복을 받기 위해서 한 해를 어떻게 살아야 할지는 우리가 잘 압니다.

부모가 안 계신 분들은 목사님께 축복을 받으십시오.
이 날은 우리 모두가 축복을 누리는 새로운 날로 기념합시다!

5
Meet God

사탄은 하나님의 말씀을 자기 합리화 하도록 혼란을 일으킵니다. 자기 합리화 하는 사탄의 소리는 마치 자기가 억울한 일을 당하거나 손해를 본 것과 같은 마음을 갖게 합니다.

가정의 달 1 | 자기관리1

언제나 내 모습 너무나 부끄러워

창 3:1~15

핵심관점 죄

 우리는 날로 포악해지는 사람들에 대한 소식을 접할 때마다 깜짝깜짝 놀랍니다.
 예를 들어 보복운전에 대한 이야기나, 어린이 학대와 자녀 살인에 대한 이야기를 들을 때마다 경악을 금치 못하게 합니다.

 왜 이런 일이 계속되는 것일까요?
 과연 사람들 속에 있는 포악함과 잔인함의 끝은 어디입니까?
 이런 모습을 보면서 여러분은 무슨 생각을 하고 있습니까?

설교를 이끄는 관점

1절을 시작하면서 하나님이 지으신 것들 중에 "뱀이 가장 간교했다"고 합니다. 여기서 뱀의 간교함이란 무엇입니까?

또 한 가지 의문점은 왜 에덴동산에 뱀의 간교함이 나타나고 있습니까?

이런 뱀의 간교함은 인간을 향하여 돌이킬 수 없는 문제를 만들어 냈습니다.

왜 인간은 이런 뱀의 간교함을 미리 감지하지 못했습니까?

최초의 인간 아담과 하와는 이런 뱀의 간교함에 넘어가 그의 삶이 무너졌습니다. 성경은 이런 인간의 불행을 마치 벌거벗기듯이 우리에게 공개하고 있습니다.

하나님이 지으신 것 중에 최고인 인간이 뱀에게 무너지다니, 그렇다면 인간이 최고가 아니라 뱀이 최고가 아닙니까!

인간의 불행은 누구의 문제입니까?

뱀의 간교함 때문입니까? 아니면 인간의 연약함 때문입니까?

하나님의 목적으로 해결

하나님은 본문을 통해서 인간을 무너뜨린 정체를 밝히고 계십니다.

인간을 무너뜨린 정체는 뱀의 간교함이 아니라 뱀을 가장하여 간교함을 숨기고 인간에게 다가온 사탄입니다. 사탄은 인간을 무너뜨린 정체입니다.

하나님께서 오늘 이 사탄의 정체를 밝히시는 이유는 무엇입니까?
이 사탄의 간교함, 즉 사탄이 인간을 어떻게 무너뜨리는지 알게 하시려는 것입니다.

우리는 종종 인간을 무너뜨린 사탄에 대해서는 의식을 하고 있지만 사탄이 어떻게 인간을 무너뜨리는지에 대해서는 관심이 없습니다.
본문을 통해서 우리가 주시해야 될 것은 사탄이 인간을 무너뜨리기 위해서 하나님의 법을 깨뜨리도록 했다는 사실입니다.

인간의 불행은 사탄의 간교함에 속아서 하나님의 법을 깨뜨림으로부터 시작되었습니다. 인간의 불행은 하나님의 법이 깨뜨려지는 순간부터 시작되었습니다. 그러므로 사탄의 간교함에 속지 않으려면 사탄이 우리를 어떻게 유혹하는가를 알아야 합니다.

1. 사탄은 하나님의 말씀을 변질시킵니다(1절).
사탄은 하나님의 말씀을 자기 합리화 하도록 혼란을 일으킵니다.
이런 사탄의 소리는 마치 자기가 억울한 일을 당하거나 손해를 본 것과 같은 마음을 갖게 합니다.
동산의 모든 나무의 실과를 먹을 자격이 있는데 하나님께서 그것을 금하심으로 하와가 억울한 일을 당하는 것처럼 합리화하는 말로 다가왔습니다.

2. 사탄은 죄의 결과를 포장합니다(4절).

죄의 결과는 불행이 아니라고 말합니다. 죄의 결과는 하나님이 말씀하신 것과 전혀 다르다고 유혹합니다. 사탄은 죄를 짓게 만들어야 하는 자이기에 결과를 철저하게 포장하고 안심시킵니다.

사탄은 죄의 결과에 대해서 전혀 알려주지 않습니다.

3. 사탄은 하나님의 법을 깨뜨린 자를 참혹한 현실로 내몰고 방치합니다.

사탄의 유혹에 무너진 인간은 수고와 잉태, 고통을 떠안았지만, 사탄은 이런 인간의 결과에 대해 전혀 책임지지 않습니다. 책임을 묻는 장소에서 고개를 돌려버렸습니다.

4. 사탄은 인간을 하나님으로부터 분리시키고 타락시켰습니다.

사탄은 분리시킨 인간 스스로 패배자가 되어 살아가도록 영원히 우리의 마음과 생각을 짓누른다는 사실을 직시해야 합니다.

우리가 보았듯이 사탄은 우리를 무너뜨리는 것이 목적이지 책임지거나 다시 일으키는 일에는 전혀 관심이 없다는 사실을 주목해야만 합니다.

또 하나 명심할 것은 사탄의 유혹으로 하나님의 법을 깨뜨린 죄인은 하나님의 진노의 대상이 되었습니다. 범죄에 대한 모든 책임을 스스로 감당해야 했습니다.

관점으로 청중 적용

사랑하는 여러분!

1. 우리에게 계속되는 죄의 유혹들이 있습니다.

* 우리는 수도 없이 사탄의 도전을 받습니다.

사탄은 순간순간마다 하나님의 법을 깨뜨리도록, 하나님의 말씀에서 어긋나도록 끊임없이 우리를 유혹합니다.

* 그 유혹의 방법 또한 우리가 예측할 수 없는 것들이 동원되고 있습니다.
 - 질병을 일으키거나
 - 소중한 것을 빼앗아가거나
 - 억울한 일을 당하게 하거나
 - 신앙으로 인한 좌절을 겪게 하므로 사탄은 끊임없이 하나님의 법을 깨뜨리도록 유혹하고 있습니다.

* 죄는 하나님의 법이 무너지면서 시작됩니다.

사탄은 하나님의 법이 깨뜨려질 때까지 우리 안에서 유혹을 계속합니다.

* 명심해야 합니다.

사탄은 유혹을 하고 피해버리지만 그 결과는 내가 고스란히 감당해야 된다는 사실입니다. 죄의 결과에 대한 참혹한 현실은 사탄이 절대로 책임져주지 않는다는 사실입니다.

2. 이런 사탄의 유혹을 이기는 방법은 하나님의 법을 끝까지 지

키는 것입니다.

창세기 3:15은 사탄으로 인하여 무너진 하나님의 법을 다시 세우시기 위한 또 다른 하나님의 선포입니다. 하나님이 선포하신 새로운 법, 즉 여인의 후손이 하나님의 법을 깨뜨린 죄인을 다시 세우시기 위한 하나님의 사랑으로 우리에게 선포되었습니다.

죄로 인하여 깨뜨려진 하나님의 법은 오직 예수 그리스도를 통해서만 다시 세워질 수 있습니다. 예수님은 죄를 해결하고 사탄을 무너뜨리는 유일한 방법입니다.
그래서 예수님은 어떤 경우에도 하나님의 법을 깨뜨리지 아니하시고 십자가에 죽기까지 하나님의 법을 지키셨습니다. 이것이 죄에 대한 승리요, 사탄에 대한 승리입니다.

1) 나는 죄를 이길 수 없습니다. 예수님의 능력을 힘입으십시오!
예수 그리스도를 통하여 하나님의 법을 세워야 합니다. 다시 말하면 예수 그리스도를 통하여 사탄을 물리치고 결박하여 하나님의 법을 깨뜨리지 않도록 신앙을 지켜야 됩니다.
예수님의 능력이 아니면 죄를 이길 자가 아무도 없습니다.
예수님으로 무장하십시오!

2) 무너진 삶을 말씀으로 다시 일으켜야 됩니다.
우리가 지금 힘들어 하는 대부분의 문제들은 하나님의 말씀을 깨뜨린 결과 찾아온 것들입니다.
우리가 다시 하나님의 말씀을 세우고 붙들기만 하면 대부분의 문제들은 사라집니다. 사탄은 하나님의 말씀을 깨뜨리지 않는 하나님의 자녀들을 무너뜨릴 수 없기 때문입니다.

3) 말씀을 무너뜨리는 소리들을 차단하십시오!
내 안에 나를 합리화하고, 자기 위주로 생각하고 현실적인 것만을 바라보는 이성적인 눈과 생각들은 하나님의 법을 깨뜨리는 유혹의 소리입니다.
이런 것에서 철저히 자신을 차단해야 합니다.
이것만이 살길입니다. 이것이 유일한 소망입니다.

청중 결단

숨겨진 죄를 찾아내라!
다시 말하면 습관적으로 무너지는 신앙의 모습을 다시 세우십시오.

우리는 저마다 마치 아킬레스건과 같은 약점이 있습니다. 이 약점은 종종 사탄의 타겟이 되기도 합니다. 사탄은 이것을 붙들고 끊임없이 우리를 무너뜨립니다.
그러므로 자신의 약점, 숨겨진 죄, 습관적으로 무너지는 신앙의 약점들을 이번 기회에 다시 한 번 일으키시고, 철저하게 이 부분들을 다시 세우는 기회가 되기를 바랍니다.

두 가지 노력이 필요합니다.
① 철저한 회개입니다.
이제까지 죄로 인해 무너진, 깨뜨려진 부분들을 철저하게 회개하

십시오.

② 어떠한 대가를 지불하더라도, 어떤 불이익이 찾아온다고 하더라도 절대로 말씀의 법을 깨뜨리면 안 됩니다. 지켜야 될 것은 목숨을 걸고 지켜야 합니다.

이것이 나를 일으키는 방법입니다.

6

Meet God

한 몸이란 서로의 부족을 채워주는 돕는 배필의 역할을 뜻합니다. 상대방 입장에서 먼저 생각하며, 먼저 도움의 손길을 내미는 진정한 '배려'가 한 몸을 이루는 비결입니다.

가 정 의 달 2 | 자기관리 2

둘이 한 몸을!
창 2:21~24

핵심관점 한 몸

요즘 우리는 결혼과 가정에 대한 이야기를 함부로 할 수 없는 사회가 되어 버렸습니다.

부모들은 자녀에게 결혼을 강요할 수 없고, 자식의 이혼을 막을 수도 없는 답답한 현실입니다.

어떤 이에게는 가정이 천국과 같은 곳이겠지만, 어떤 이에게는 가정이 지옥보다 더 끔찍한 곳이기도 합니다.

어디에서 이런 문제들이 시작되었을까요?
이런저런 생각이 참 많습니다.

본문을 들여다 봅시다!

설교를 이끄는 관점

하나님께서 아담을 깊이 잠들게 하시고 그 갈빗대를 적출해서 하와(여자)를 만드셨습니다. 이런 하나님의 특별한 행동은 즉흥적인 것이 아니었습니다.

한동안 하나님의 마음속에 아담이 홀로 있는 것이 여간 신경 쓰이지 않았습니다. 그래서 하나님은 아담이 갈비뼈를 적출해도 느끼지 못할 만큼 깊은 수면에 들게 한 후 그 갈비뼈로 하와, 여자를 만드셨습니다.

1. 왜 하나님은 아담처럼 하와를 흙으로 새롭게 창조하지 않으시고 아담의 갈비뼈를 사용하셨을까요?
2. 아담에게서 취한 갈비뼈는 무슨 특별한 의미라도 있는 것입니까?
3. 하와를 아담에게 주셨다고 했습니다.
   여기서 주셨다는 말은 어떤 의미입니까?
4. 둘이 합하여 한 몸을 이루라고 선언하셨습니다.
   아담과 하와는 각기 다른 두 몸입니다.
   여기서 둘이 한 몸을 이룬다는 것은 무슨 뜻입니까?
5. 좀 더 이상한 부분은 이들에게 부모를 떠나라고 했습니다.
   아담과 하와에게 부모가 어디 있습니까?
   누가 아담과 하와의 부모입니까?

하나님의 목적으로 해결

하나님은 가장 고귀한 장면을 보여주고 계십니다. 바로 가정을 만드시는 과정입니다.

우리가 주목해야 할 것은 이 가정이 탄생되기까지 모든 과정을 하나님이 손수 참여하셔서 하나하나 세심하게 직접 이루셨다는 점입니다. 우리는 이 부분을 절대 놓쳐서는 안 됩니다.

하나님이 만드신 가정의 정의는 남과 여, 즉 두 몸이 한 몸처럼 사는 것입니다. 서로 다른 남자와 여자가 자기 모습으로 사는 것이 아니라 둘이 한 사람처럼 한 몸처럼 사는 것이 가정이고 부부입니다.

여기서 한 몸이란 서로의 부족을 채워주는 돕는 배필의 역할을 뜻합니다. 상대방 입장에서 먼저 생각하며, 먼저 도움의 손길을 내미는 진정한 '배려'가 한 몸을 이루는 비결입니다.

1. 가정은 부부가 서로 한 몸이 되어서 서로의 부족을 자기의 부족으로 알고 서로 채워주려는 시작이 이루어지는 곳입니다.

2. 가정은 부부가 한 몸으로 살아가기 위해서 상대를 먼저 배려하는 노력이 끝까지 진행되는 곳입니다.

3. 가정은 부부로 살아야 완성됩니다.
아담의 부족은 하와가 존재함으로 채워지게 하셨습니다. 하와의 존재는 아담으로부터 시작되었습니다. 그러므로 남과 여는 부부가 될 때 서로의 존재의미를 알게 되고 그 존재 의미대로 살 때 행복을 누리게 됩니다.

4. 가정과 부부의 관계를 무너뜨리는 최고의 적은 '이기주의'입니다.

여기서 이기주의란 배려의 반대말입니다. 자기를 먼저 생각하는 자는 상대방에게 상처를 주는 말과 행동을 합니다. 자기만 생각하는 자에게 배려가 있을 수 없습니다.

부부간의 배려 없는 이기주의는 대부분 가정의 문제 요인입니다.
아담이 갈비뼈를 내어주었고 하와가 아담의 부족을 채워주는 존재, 배필, 즉 배려자로 함께 했듯이 서로를 배려해야 합니다. 배려가 없는 이기주의는 가정을 무너뜨리는 요인입니다.

5. 먼저 배려하면 한 몸을 이룰 수 있습니다.
① '여보'라는 말은 여자 중에 가장 보배로운 존재라는 뜻입니다. "여자 중에 당신이 가장 보배입니다." 이것이 여보라는 말입니다.
② '남편'이라는 말은 남자들 중에 유일하게 내편이 되어주는 남자라는 말입니다. 쉽게 말하면 어떤 경우에도 내 편을 들어주어야 남편입니다.

이 두 단어는 이런저런 생각이 참 많습니다. 서로 아끼고, 배려하고, 세워주는 한 몸이 되게 하는 용어입니다.
우리는 이런 단어들을 매일같이 쓰면서도 행동할 때는 이기주의 모습을 버리지 못합니다.

관점으로 청중 적용

사랑하는 여러분!
1. 위기 없는 가정은 없습니다.
어느 가정이든지 크고 작은 위기는 있게 마련입니다.
문제는 이 위기를 어떻게 극복하느냐가 중요합니다.

* 대부분의 가정들은 위기를 극복하면서 삽니다.
대부분의 가정들은 위기를 극복하기 위해서 대가를 지불합니다.
대부분의 가정들은 위기를 통해서 행복을 느낍니다.
대부분의 가정들은 위기를 극복하면서 단단해집니다.

* 가정을 무너뜨리는 가장 무서운 사탄의 도구는 '배려 없는 이기심'입니다.
특히 부부간의 배려 없는 이기심은 두 사람만의 문제로 끝나는 것이 아니라 자녀들과 부모, 형제들까지 아주 많은 사람들의 마음속에 상처를 남기게 됩니다. 이 사실을 너무 쉽게 생각하는 것도 우리 문제 중의 문제입니다.

* 두 가지를 점검해 보십시오.
첫째, 나는 상대방을 먼저 배려합니까?
둘째, 나는 상대방의 배려에 어떻게 반응하고 있습니까?

2. 부부가 살아야 가정이 삽니다.

부부가 살아야 자녀가 삽니다.
부부가 살아야 부모가 삽니다.
부부가 살아야 교회가 살고 나라가 삽니다.

* 하나님은 부부를 만드셨습니다. 부부를 통하여 전 인류를 만드셨습니다. 우리는 가정을 정말로 중요하게 여기고 지켜야 합니다.

1) 하나님이 우리 가정을 만드시는데 직접 관여하셨습니다.
하나님께서 우리 가정을 직접 계획하고 만드셨습니다. 우리 가정이 만들어지기까지 모든 과정을 하나님이 손수 참여하셨습니다.
내가 상대방을 잘못 만난 것이 아닙니다.
하나님이 내게 원수 같은 사람을 짝지어준 것이 아닙니다.

여러분, 생각해 보십시오!!
여러분의 가정이 시작될 때, "나는 이 사람과 살면 불행할 것이다"라는 사실을 알면서 가정을 이룬 분이 있습니까? 단 한 사람도 그런 사람은 없습니다.

하나님은 우리 가정들이 행복하도록 만들어주셨습니다.
우리 가정의 설계자가 하나님이라는 사실을 다시 한 번 상기시켜야만 합니다.
이 사실을 믿음으로 확신해야만 합니다.

2) 가정을 지키십시오!

가정을 무너뜨리는 세력과 싸워서 이기십시오.

우리 가정을 무너뜨리는 가장 무서운 적은 '배려심 없는 이기주의'입니다.

처음에는 내가 없으면 못 산다고 시작했지만 지금은 너 때문에 못 산다고 합니다. 이것이 배려 없는 이기심의 정체입니다.

한마디로 나만 생각하는 것입니다.

나만 살아야 되겠다는 것입니다.

지금 당장 우리 가정이 회복되기 위해서 이 사실을 깨닫고 이 부분을 청소해야만 합니다.

3) 상대방을 먼저 생각하십시오!

남편이 아내를 먼저 배려하고, 아내가 남편을 먼저 배려하는 이 배려가 가정을 위기에서 살려냅니다. 하나님의 목적대로 가정을 이루어가게 합니다. 그 가정 속에 하나님의 뜻이 이루어집니다.

4) 배려를 위하여 노력해야 합니다.

두 가지 노력을 해야 합니다.

① 상대방의 필요를 먼저 살펴야 합니다.

② 순수하게 받아들이고 다시 다가가야 합니다.

이것이 배려입니다.

청중 결단

부부의 배려의 시작은 높임말입니다.

"전쟁에 죽은 숫자보다 말의 상처로 죽은 숫자가 더 많다"는 말이 있습니다.

이혼 법정에 선 대다수의 부부들은 아주 사소한 말의 상처로 인하여 거기에 이르렀음을 모두 자인하고 있습니다.

배려 없는 한마디의 독설이 가정을 산산조각으로 파괴합니다!

오늘부터 우리 가정 속에서 말에 대한 배려부터 다시 시작해 봅시다.

7

Meet God

가족 구성원 한 사람 한 사람이 저마다 하나님을 일대일로 제대로 섬기고 있었다는 말입니다. 결국 온 가족이 하나님 중심적인 삶을 산 결과가 이런 꿈같은 가정을 이루어낸 것입니다.

가정의 달 3 | 자기관리3

이것이 꿈일까?
시 144:12~15

핵심관점 **이런 가정**

가끔 드라마에 나타나는 가정들을 보면서 '꿈=환상'에 젖을 때가 있습니다. 그리고 한편으로는 이런 생각을 합니다.
"과연 저런 가정이 존재할까?"

설교를 이끄는 관점

본문을 읽으면서 무슨 생각이 들었습니까?
저도 이런 생각을 해 봤습니다.
"과연 이런 가정이 존재할까?"

여러분이 보기에도 본문에 나타난 가정이 너무 완벽하게 보이지 않습니까?

우리 가정들과는 너무나 많은 것들이 다릅니다.

어떤 면에서 보면 너무 완벽하게 보여서 이런 가정을 볼 때면 거부감마저 생깁니다.

* 본문의 가정과 우리의 가정을 비교해 봅시다!
1. 본문에 나오는 가정은 자녀들이 너무 잘되고 있습니다.
아들과 딸이 문제없이 거의 완벽한 상태로 성장하는 것을 봅니다.
2. 먹고 사는 일에 전혀 문제가 없습니다.
오히려 곳간마다 먹을 것들로 넘쳐나고 있습니다.
3. 이 가정의 주변에는 평안과 고요함이 가득합니다.
문젯거리라고는 찾아볼 수 없습니다.

* 반면에 우리들의 가정은 어떠합니까?

1. 우리도 자녀를 키우고 있습니다. 정말로 쉽지 않습니다.
마치 언제 터질지 모르는 폭발물처럼 여기저기서 수많은 문제들을 터뜨려 댑니다. 그래서 우리는 이런 말까지 합니다. "무자식이 상팔자다!" 자식을 키우는 일이 얼마나 힘들었으면 이런 말까지 했겠습니까?

2. 먹고 사는 일도 녹록하지 않습니다.
우리 주변의 많은 사람들은 힘들여 땀 흘리지 않으면 먹고 살 수 없는 사람들 투성입니다. 그야말로 먹고 사는 문제로 전쟁을 치르는 것처럼 삽니다.

　종이박스 한 개를 먼저 가지려고 새벽부터 일어나 손수레를 이끌고 동네를 돌아다니는 노인들의 모습은 더 이상 낯선 풍경이 아닙니다.

　3. 우리 주변은 위험과 위기가 가득합니다.
　갖가지 사고와 재난들, 강도와 도적의 위험들이 도사리고 있습니다. 내가 아무리 조심해도 소용이 없습니다.
　예고 없이 날아드는 주변의 위험들을 어찌 다 예측하고 막아낼 수 있겠습니까?
　눈이 백 개라도, 손이 백 개라도 소용이 없습니다.

　우리는 모두 다 이런 복잡한 현실 속에서 삽니다. 그런데 어떻게 이 가정은 이 모든 것에서 이다지 자유로울 수 있단 말입니까!
　오늘 우리도 이 비결을 찾아서 이런 가정을 만들어 가기를 소원합니다.

하나님의 목적으로 해결

　이 가정의 숨겨진 비밀은 성경 안에 답이 있습니다.
　하나님이 소개하신 이 가정은 꿈이 아닙니다.
　우리도 얼마든지 이런 가정을 이룰 수 있습니다!

　15절을 보십시오!

"이러한 백성은 복이 있나니 여호와를 자기 하나님으로 삼았다"고 말합니다.

이 가정의 성공비결은 온 가족들이 하나님을 자기 하나님으로 삼았기에 가능했습니다. 그렇다면 여기서 말하는 '자기 하나님'이란 무슨 뜻입니까?

가족 구성원 한 사람 한 사람이 저마다 하나님을 일대일로 제대로 섬기고 있었다는 말입니다. 결국 온 가족이 하나님 중심적인 삶을 산 결과가 이런 꿈같은 가정을 이루어낸 것입니다.

하나님 중심으로 살았다는 말을 쉽게 생각하면 안 됩니다.

1. 하나님을 자기 하나님으로 삼았다는 말은 각 구성원들이 저마다 하나님 중심으로 믿음으로 살려고 노력했다는 뜻입니다.
아버지는 아버지로서의 신앙적인 노력, 어머니는 어머니로서의 신앙적인 노력, 아들은 아들로서의 신앙적인 노력, 딸은 딸로서의 신앙적인 노력을 했다는 것을 잊어버리면 안 됩니다.

2. 이들의 하나님 중심적인 삶은 가족 간의 원활한 소통을 이루어냈습니다.
하나님과의 좋은 관계는 가족간의 신뢰와 사랑을 이끌어냈습니다. 결국 가족 간에 막힘 없는 생활을 할 수 있었습니다.

3. 이 가정에도 문제가 없었던 것은 아닙니다.

* "아들들은 어리다가 장성한 나무 같으며"

이 가정의 아들들도 '어리다', 즉 연약함, 부족함, 결핍 등의 문제를 안고 있었다는 말입니다. 이런 문제를 극복하고 장성한 나무로 성장을 했습니다.

* "딸들은 다듬어진 모퉁이 돌 같으며"

이 집의 딸들도 다듬어지기 전에 문제 상태가 있었다는 말입니다. 다듬어지기 전에는 모나고, 보기 싫고, 다른 사람들에게 불편을 주던 시간이 있었다는 뜻입니다.

이런 딸들이 다듬어졌습니다. 문제를 극복했다는 뜻입니다.

* 충분한 소득의 결과를 보십시오.

저절로 곡간에 양식이 들어왔겠습니까?

절대 그럴 수 없습니다! 남보다 몇 배나 더 땀 흘리고, 수고하고, 여러 가지 재난을 이겨낸 결과 지금의 풍성함을 맛볼 수 있었습니다. 많은 문제들을 극복 한 결과 넉넉함을 누리게 되었습니다.

* 남을 침노하는 일도 없고 주변으로부터 침노당하는 일도 없었다고 합니다.

이는 당면한 문제들을 잘 해결하고 주변과 소통이 잘 되었다는 뜻입니다.

결국 이 가정도 수많은 문제 속에서 만들어진 가정이라는 것을 우리는 절대로 놓쳐서는 안 됩니다. 이 가정이 수많은 문제를 극복하고 이런 가정이 된 것은 "하나님을 자기 하나님으로 삼고" 하나님과의 소통, 가족과의 소통을 이끌어낸 것이 결정적인 요인입니다.

 * 그렇다면 하나님과 가족 간의 소통을 이루게 한 것이 무엇일까요?

그것은 '대화'입니다.

이 가정은 각 사람이 자기 하나님과의 대화가 원활했습니다. 그리고 가족들 간의 대화를 통해서 문제들을 극복하고 해결해 나가며 하나님이 주목하시는 가정의 모습을 이루어냈다는 사실입니다.

믿음의 가정은 소통이 있습니다.
하나님과의 소통, 가족 간의 소통이 있습니다.
믿음의 가정은 대화를 통하여 하나님과 가족들이 소통합니다.

관점으로 청중 적용

사랑하는 여러분!
1. 우리 가정은 누구를 중심으로 움직이고 있습니까?
우리 가족들은 무엇을 중심으로 살아가고 있습니까?
우리 가정에 막혀있는 곳은 없습니까?

 * 혹시 돈이나 자식, 사업, 혹은 여러분이 가지고 있는 어떤 목표들이 여러분의 가정을 이끌어가는 주도적인 역할을 하고 있지는 않은지 살펴야 합니다.

* 우리는 신앙인입니다. 그래서 우리는 "하나님 중심적으로 살고 있다"고 말합니다.

하지만 정작 우리의 삶 한가운데 하나님이 없다는 사실을 발견할 수 있습니다. 문제 앞에서 하나님을 찾거나, 믿음의 방법을 찾지 않기 때문입니다. 크고 작은 문제 앞에서 나와 내 가족들이 어떤 모습으로 살아가고 있는가를 솔직히 들여다보시기를 바랍니다. 소통이 되고 있는지, 막힌 곳이 어딘지….

* 우리의 가정을 원활하게 소통시켜주는 분은 하나님이십니다.

그분이 가정의 중심이 되고, 각 구성원들의 자기 하나님이 되고, 그분과의 대화, 그분을 중심으로 한 가족 간의 대화, 이것이 가정을 살리고 일으키는 결정적인 비결입니다.

2. 문제의 원인은 밖에 있지 않습니다.

문제의 원인은 내 안에 있습니다. 내가 지금 내 가정과 내 자녀와 내 사업과 내 주변을 가로막고 있을 수도 있습니다.

1) 하나님 중심적인 삶을 회복하십시오.

하나님 중심의 삶이란?

하나님이 나의 하나님, 내 삶의 주도권을 가진 것을 인정하고 그분에게 내 모든 결정권을 드리는 것입니다.

내 삶의 모든 결정권을 하나님께 드리고 그분과 수시로 대화하지 않았다면 하나님 중심적인 삶이 무너진 것입니다.

하나님을 자기의 하나님, 나의 하나님으로 삼으십시오!

하나님과의 대화를 시작하십시오! 대화의 시작은 나로부터입니다.

2) 하나님 중심적인 가정을 회복하십시오.
하나님 중심적인 가정이란 무엇입니까?
가족 구성원들이 자기 하나님을 중심으로 가족들 간의 신앙적 소통을 이루어가는 가정입니다. 이 신앙적 소통의 한 가운데 '대화'가 있습니다.

여기서 '대화'란 담소, 커뮤니케이션, 일상적인 대화 등을 의미하지 않습니다. 여기서 대화란, 하나님 중심으로 각자 당면한 문제들을 해결하기 위한 신앙적 노력을 의미합니다.
이 대화가 지속되려면 몇 가지 잊지 말아야 할 일이 있습니다.

* 각자의 연약함과 문제를 인정해야 합니다.
가족 한 사람마다의 연약함과 문제를 인정해 주고 받아들여야 합니다. "너는 왜 그 모양이야, 그것밖에 안돼" 등등 비난과 책망은 나중에 해도 늦지 않습니다.
대화는 상대를 인정해 줄 때 시작됩니다.

* 신앙적인 방향으로 해결할 수 있도록 서로 격려해주고 이끌어 주어야 합니다.
해결 중심의 대화를 나누어야 합니다. 잘못된 현실과 문제를 계속 이끌고 가면 대화가 안 됩니다. 해결을 위한 격려와 믿음의 방법을 찾도록 서로 도와야 합니다.

* 나만 생각하면 대화도 관계도 끊어집니다.

관계란 좌와 우를 붙들고 있는 겁니다. 특히 믿음의 가정들이 나누는 대화(소통)은 그 어떤 문제도 이겨낼 수 있는 하나님이 주신 최고의 선물입니다.

청중 결단

대화하는 날이 필요합니다!
이 날은 노력하는 날입니다.
이 날은 살리는 날입니다.
이 날은 서로에게 격려와 파이팅을 주는 날입니다.
가족들 간 대화를 시작하십시오!
비난과 책망과 지적은 다음에 해도 늦지 않습니다.
우선은 칭찬과 격려와 위로로 시작하십시오!

한 가지 제안합니다.
온 가족이 하나님 중심적으로 대화하기 위해서 일주일에 한번 '가정예배'를 제안합니다. 이 가정 예배는 가정의 구성원들이 각자 돌아가면서 리더를 합니다.
그리고 이 예배 후에 서로를 격려하고 축복하는 말과 함께 하나님의 축복을 서로 고한다면 우리의 가정들도 이런 가정을 이끌어낼 수 있습니다.

8
Meet God

엘 벧엘은 삶입니다. 벧엘은 장소적 의미를 내포하고 있지만, 엘 벧엘은 하나님을 붙들고 일어선, 하나님을 회복한 모든 장소에서 고백되어지는 신앙이기 때문입니다.

가정의 달 4 | 자기관리 4

엘 벧엘
창 35:1~5

핵심관점 엘 벧엘

살다보면 예기치 않은 어려움에 봉착할 때가 있습니다. 이런 어려움의 순간마다 이런 생각들을 하게 됩니다.
"무엇이 문제인가? 내가 잘못 살고 있는 것은 무엇인가?"
하지만 쉽사리 답을 얻지는 못합니다.

설교를 이끄는 관점

오늘 소개하려는 인물도 여러 번의 고난과 여러 번의 위기, 여러 번의 실패를 경험한 사람 중 한 분입니다.
그 사람은 바로 야곱입니다.

여러분, "야곱" 하면 생각나는 것이 무엇입니까?

맞습니다. 그는 도망자였습니다.

그는 자기 욕심을 채우기 위해서 아비와 형을 속였고, 형의 칼날을 피하여 도망한 후 쉽게 돌아오지 못하고 삼촌의 집에서 20년의 세월을 보냈습니다.

야곱, 그는 고난의 사람이었습니다.

야곱이 삼촌 라반의 집에 머무는 동안 라반은 야곱을 이용하여 엄청난 부를 얻었지만 야곱은 삼촌의 속임수인 줄도 모르고 그의 술수에 넘어가 힘든 나날을 보내야 했습니다.

야곱, 그는 상처로 얼룩진 사람이었습니다.

20여 년의 세월을 등지고 돌아오는 길에 딸 디나가 강간을 당하게 됩니다. 아비로서 가슴에 멍이 들었습니다. 그의 상처는 여기서 그치지 않았습니다. 디나의 일로 인하여 자식들이 폭도와 강도, 강간과 살인자로 전락해 버렸습니다. 생각해 보십시오! 나이 많은 아비로서 얼마나 큰 상처입니까?

야곱, 그의 말년은 쫓기는 자가 되었습니다.

야곱의 아들들의 세겜을 향한 복수가 주변 부족들에게 알려지면서 주변 부족들은 야곱 일행을 추격했습니다. 졸지에 쫓기는 신세가 되었습니다. 야곱의 삶은 참 파란만장합니다.

이런 긴박한 순간에 하나님께서 야곱을 찾아오셨고 벧엘로 가라고 하십니다.

* 왜 갑자기 벧엘로 가라고 하십니까?
* 벧엘로 가면 모든 문제와 어려움들이 저절로 해결이라도 된다는 말입니까?

여러분 같으면 이런 고난과 고통의 상황에서 벧엘로 갈 수 있겠습니까?

하나님의 목적으로 해결

하나님께서 야곱에게 벧엘로 가라고 하는 것은 도피하라는 것이 아닙니다. 문제를 덮고 은닉하라는 말도 아닙니다. 하나님께서 야곱에게 벧엘로 가라고 하시는 것은 야곱의 삶에 계속되는 문제의 원인이 무엇인가를 가르쳐 주시고 해결해 주시려는 것입니다.

지금 하나님께서 야곱에게 가라고 명하신 벧엘은 장소나 공간적인 의미는 절대로 아닙니다.

* 야곱이 하나님을 놓치고 있음을 일깨우는 음성입니다. 지금까지 야곱의 삶속에서 동행하셨던 하나님이 있었기에 현재의 야곱이 있을 수 있었습니다.
그런데 야곱이 그 하나님을 또 놓쳤습니다. 그래서 그 하나님을 다시 회복하라는 음성입니다.

1. 야곱의 실패 원인은 벧엘의 하나님을 놓친 것입니다.

하나님을 놓친 순간마다 어김없이 위기가 왔고, 다시 하나님을 붙잡을 때마다 위기가 해결되었습니다. 지금 디나의 사건을 통해서 야곱과 그의 아들들이 처절하게 무너져버렸습니다. 지금 당장 야곱 일행이 벧엘로 가지 않는다면 앞으로 어떤 일이 일어날지 아무도 예측할 수 없습니다.

2. 회복은 벧엘의 하나님을 붙잡는 것이다.

야곱은 디나의 사건을 통하여 이것을 깨달았습니다. 하나님이 왜 벧엘로 가라고 하는지를 깨달은 것입니다. 그래서 그가 벧엘에 도착했을 때 그 장소를 '엘 벧엘'이라고 불렀습니다. 이는 벧엘의 장소에 도착한 것이 아니라 벧엘의 하나님을 회복했다는 음성입니다. 하나님을 다시 붙잡았다는 음성입니다. 하나님을 다시 찾았다는 신앙고백입니다.

3. 엘 벧엘은 회복 뿐 아니라 더 크게 부흥하는 유일한 비결입니다.

하나님은 야곱의 모습을 통해서 우리의 삶 속에서 놓쳐버린 엘 벧엘의 하나님을 다시 붙들고 회복과 부흥이 계속 되기를 원하십니다.

엘 벧엘은 삶입니다.

벧엘은 장소적 의미를 내포하고 있지만, 엘 벧엘은 하나님을 붙들고 일어선, 하나님을 회복한 모든 장소에서 고백되어지는 신앙이기 때문입니다.

관점으로 청중 적용

사랑하는 여러분!
1. 지금 여러분들이 머뭇거리고 있는 장소는 어디입니까?
여러분들이 떠나지 못하고 빙빙 도는 장소들은 어디입니까?

* 머물면 안 되기 때문에 크고 작은 문제들이 계속 일어나는데도 불구하고 우리는 그 장소를 쉽사리 버리지 못합니다. 떠나지 못합니다.

* 이유가 있기 때문입니다.
지금 그곳이 우리 눈에 물댄 동산 같은 장소로 보이기 때문입니다.
조금만 더 버티면 대박이 날 것 같은 환상 때문입니다. 어떻게 여기까지 왔는데 하는 아쉬움과 미련이 발목을 잡고 있기 때문입니다.

* 놓치고 있는 것이 있습니다.
물댄 동산 같은 장소가 아니라 하나님을 붙들어야 되는데, 하나님을 놓아버리고 물댄 동산과 같은 곳을 고집하고 있는 것이 오늘 우리의 문제가 계속되고 있는 원인입니다.

* 구멍 난 여러분의 삶의 현장을 직시해야 됩니다!
그래도 벧엘을 올라가지 않는다면 아무도 여러분 곁에 남아있을 자가 없습니다.
오늘은 나와 내 주변을 살리기 위한 회복과 부흥을 결단해야 됩니다.

2. 회복과 부흥은 장소가 아닙니다. 시간도 아닙니다. 오직 엘

벧엘입니다.
엘 벧엘의 하나님을 놓치지 말아야 합니다.
내 인생 여정 길, 내 인생의 벧엘에 찾아오신 하나님을 놓치지 말아야 합니다.

내 삶의 현장에 찾아오신 하나님!
나와 동행하신 하나님!
그 분에게서 내 인생의 회복과 부흥이 다시 일어나야 합니다!
엘 벧엘의 하나님으로 다시 채워봅시다!
다시 한 번 그 하나님이 인도하시는 대로 나아갑시다!
우리에게는 회복과 부흥이 간절히 필요합니다!

1) 자신의 생각과 계획을 내려놓으십시오.
한마디로 하나님보다 앞서면 안 됩니다. 하나님이 나보다 앞서야 내 인생이 살아납니다. 인간의 가장 큰 어리석음은 자기의 계획과 생각 때문에 앞에 계신 하나님을 보지 못하는 것입니다.

2) 지금 당장 세겜을 떠나십시오.
세겜은 인간의 술수와 포악함, 간교함이 머무는 장소입니다. 온갖 타협과 비리와 살인이 계속되는 곳입니다. 이곳을 떠나지 않고는 문제들을 피할 수 없습니다.
지금 당신에게 문제를 몰고오는 세겜을 떠나십시오.

3) 모두가 함께 벧엘로 올라가야 됩니다.
문제의 사람이든, 상처의 사람이든 누구도 예외가 없습니다. 모두

손에 손을 잡고 벧엘로 올라가는 것이 회복과 부흥을 이루어낼 수 있는 유일한 길입니다.

지금 상처받고, 고난 받는 자들에게 손을 내밀어 함께 벧엘로 올라오십시오. 그리고 그곳에서 엘 벧엘의 하나님을 경험하십시오.

청중 결단

가족이나 친구나 형제 중에서 신앙의 실패를 경험했거나 좌절했던 사람들에게 엘 벧엘의 하나님을 경험하게 합시다. 다시 부흥의 기회를 갖게 합시다!

낙심한 자들을 하나님께로 데려옵시다!

이들이 살면 더 큰 부흥이 일어납니다.

9. 그러므로 내가

10. 나는 어떤 사람인가?

11. 네 입을 크게 열라!

12. 노래하는 자들

13. 떨어지고 없어지지 않도록

하나님을 만나다

2
그러므로 내가

Meet God

9
Meet God

하나님은 나를 통하여 진실한 경외를 받기 원하십니다. 우리의 마음이 하나님에게서 멀어지는 것을 원치 않으십니다. 하나님을 향한 형식적인 태도를 버리고 진실한 믿음과 삶으로 자신을 다시 세워야 합니다. 이것만이 우리가 살길입니다.

그러므로 내가

사 29:9-14

핵심관점 놀라고 놀라라

유다 백성들을 향한 하나님의 음성이 계속되고 있습니다.

9절 "너희는 놀라고 놀라라"

이 말은 앞으로 대단히 충격적인 일이 일어날 것을 예고하시는 음성입니다.

여기서 "놀라고 놀라라"는 말은 갑작스럽게 전기 충격기로 공격을 당한 것처럼 쇼킹한 상태와 너무 충격이 커서 입을 다물지 못하는 상태를 이르는 말입니다.

설교를 이끄는 관점

얼마나 놀랄만한 일이 일어나기에 이렇게 겁을 주시는 것입니까?
정말로 놀라게 하려는 것이 목적이라면 아무런 예고를 하지 않아야 합니다.

하나님께서 그 백성들을 놀라게 하실 일이 나옵니다.
9-12절이 그 내용입니다.

1) "너희는 맹인이 되고 맹인이 되리라".
맹인이 누구입니까? 눈이 가려진 자들입니다. 그렇다면 하나님께서 유다 백성들의 눈을 가려서 맹인처럼 살게 하시겠다는 말입니다. 이 어찌 놀이라지 않을 수 있습니까?

2) "그들의 취함이 포도주로 말미암음이 아니며 그들의 비틀거림이 독주로 말미암음이 아니니라".
이는 유다 백성들이 포도주와 독주에 취한 자와 비교할 수 없을 만큼 심각한 무질서와 방탕이 있겠다는 말입니다. 이는 놀랄만한 일입니다.

3) "대저 여호와께서 깊이 잠들게 하는 영을 너희에게 부어 주사 너희의 눈을 감기셨으니".
'깊이 잠들게 하는 영'은 하나님께서 그들을 책망하시려고 허락한 미혹과 혼란의 상태입니다. 이 "영으로 눈을 감기셨다"는 말은 그 백성들이 분별력을 잃고 올바른 판단을 하지 못하는 어리석은 자로 전락한다는 말입니다. 어찌 놀라지 않을 수 있습니까?

4) "그가 선지자들과 너희의 지도자인 선견자들을 덮으셨음이라".
백성들이 혼란을 겪지 않도록 선지자와 선견자들이 깨어서 백성들을 인도해야 살길이 있습니다. 하지만 하나님께서 선지자와 선견자마저 깊이 잠들게 하는 영으로 덮으셨으니 이 혼란을 헤어나갈 길을 막으신 것입니다. 어찌 놀라지 않을 수 있습니까?

5) "그러므로 모든 계시가 너희에게는 봉한 책의 말처럼 되었으니 그것을 아는 자에게 주며… 또 그 책을 글 모르는 자에게 주며".
글을 아는 자나 모르는 자가 다 일반이 되었다.
하나님의 말씀이 여느 책처럼 아무 쓸 데 없이 되리라는 말입니다. 하나님께서 그들에게 입을 닫으신 것입니다. 이 얼마나 끔찍한 일입니까?

어쩌다 이런 일이 생긴 것입니까?
정말 이 말씀대로 된다면 놀라고 놀랄 일이며 충격적인 일이 아닙니까?
그 백성들에게 이렇게까지 하시는 이유가 무엇입니까?

하나님의 목적으로 해결

분명한 이유가 있으십니다.
아버지 하나님은 당신의 자녀 된 백성들에게 아무런 이유도 없이 이런 놀랄 만한 일을 하시지 않습니다.

13절이 그 이유입니다.

"이 백성이 입으로는 나를 가까이 하며 입술로는 나를 공경하나 그들의 마음은 내게서 멀리 떠났나니 그들이 나를 경외함은 사람의 계명으로 가르침을 받았을 뿐이라"

한마디로 외식 때문입니다. 가식적인 신앙 때문입니다. 겉과 속이 다른 신앙 때문입니다. 거짓 때문입니다. 하나님을 기만하는 신앙행위 때문입니다.

1. 그들은 입만 살았습니다.

입술로는 아무런 문제가 없는 신앙자들처럼 보였지만 하나님의 눈에 이들은 외식하는 자들이며, 아주 거짓된 자들이고 하나님을 속이는 자들이었습니다.

2. 그들의 마음은 다른 곳에 있었습니다.

이미 그들은 하나님을 떠났습니다. 하나님과의 거리를 좁히기에는 너무 멀리 가버렸습니다. 진작 그들의 마음을 세상 것들이 다 차지했기 때문입니다. 그들은 하나님보다 더 미쳐있는 곳이 따로 있었습니다.

3. 그들의 경외함은 사람의 눈에 보이기 위함입니다.

"사람의 계명으로 가르침을 받았다."

이는 그들에게 신앙을 가르쳐 준 사람에게 인간적인 도리를 다하기 위해서 마지못해 하나님을 섬기는 척한다는 말입니다. 사람의 눈 때문에 어쩔 수 없이 신앙의 껍데기만 보여주는 자들입니다.

4. "그러므로 내가 다시 행하리라"고 하십니다.

"그들 중에 지혜자의 지혜가 없어지고 명철한 자의 총명이 없어지리라"

그들이 깨닫고 돌아오지 못하도록 그들을 인도할 자를 없애버리시겠다는 말입니다. 하나님을 기만한 자에 대한 진노입니다.

예수님께서도 외식과 거짓을 무섭게 책망하셨습니다. 예수님의 책망은 입으로는 하나님을 공경한다고 하지만 그 마음이 하나님을 떠난 자들에 대한 저주였습니다.

마 15:1-11절을 보십시오!
예수님도 이 이사야의 말씀을 근거로 그 백성들의 외식과 형식적인 신앙을 책망하셨습니다.

관점으로 청중 적용

사랑하는 여러분!
1. 오늘 우리의 모습도 돌아보아야 합니다.
우리도 입으로는 하나님을 섬기는 자의 모습을 가집니다. 그렇다면 내 안에 숨겨진 신앙의 모습도 내가 고백하는 것과 다르지 않아야 합니다. 하지만 이 부분에 자신 없는 사람이 많이 있습니다.

그저 주일에 아주 잠시 하나님을 입으로 찬양하며 이런저런 고백들을 하지만 그 시간이 지나면 대부분은 하나님과 거리가 먼 생활을 합니다.

1) 어떤 사람은 본문에서 말하는 것처럼 사람 간의 도리를 위해서 어쩔 수 없이 신앙의 흉내만 내는 사람도 있습니다.

2) 이런 우리의 모습은 늘 자신을 괴롭힙니다. 이런 형식적인 짓이 무슨 소용이 있는가를 자책하거나 불편해하면서 마지못해 겨우 움직이는 신앙생활마저도 부담을 호소합니다.

3) 설교시간에 자신과 부딪치는 말이 나올 때는 불평과 불만을 늘어놓습니다. 심한 경우는 교회를 떠나기도 합니다.

4) 어떤 사람들은 주변에 자신이 신앙생활한다는 것을 숨기고 불신자와 다름없이 말하고 행동합니다.

이런 모습으로 내가 아닌 다른 사람이 신앙생활 한다면 어떤 말을 해주고 싶으십니까?

2. 하나님은 나를 통하여 진실한 경외를 받기 원하십니다.
우리의 마음이 하나님에게서 멀어지는 것을 원치 않으십니다.

1) 하나님을 향한 형식적인 태도를 버리고 진실한 믿음과 삶으로

자신을 다시 세워야 합니다. 이것만이 우리가 살길입니다.

만일 오늘 우리가 이 하나님의 경고를 무시하고 거짓과 외식을 버리지 못한다면 하나님께서 우리를 향하여 기이한 일, 가장 기이한 일을 다시 행하실 것입니다. 그때는 나를 알고 있는 모든 자들이 놀라고 놀랄 만한 일들이 내 주변에서 일어나게 될 것입니다.

2) 하나님을 향한 진실한 태도는 예배를 통하여 나타납니다.

"그들이 나를 경외함은"

이 말은 예배를 형식과 외식으로 드렸다는 말입니다. 하나님은 예배를 외식과 거짓으로 드린 자에게 진노하십니다.

예배가 무엇입니까?
하나님을 하나님 되시게 경배하는 시간입니다. 하나님께 영광을 돌리며 그분의 은혜를 채우는 시간입니다. 응답이 있는 시간입니다. 문제가 해결되는 시간입니다.

그런데 그 시간에 마지못해서 앉아있고, 입술로는 하나님을 찾지만 그 안에는 그분을 향한 어떤 경외심도 없는 빈껍데기만 있다면 어찌 하나님께서 그를 가만히 두고만 계시겠습니까?

예배가 살아야 하나님의 진노가 멈추고 다시 회복의 복을 누릴 수 있습니다. 예배가 무너지는 것은 재앙입니다. 충격적인 일을 자초하는 것입니다.

청중 결단

오늘 예배를 회복하여 하나님께서 준비하신 더 큰 복으로 나아가는 기회가 되기를 바랍니다.

* 준비된 예배를 드립시다.
* 하나님께 드리는 예배가 됩시다.
사람의 도리나 눈치, 마지못해서 참석하는 예배가 아니라 내 진심을 드리는 예배로 나아갑시다.
* 예배의 모든 순서는 하나님과 교통하는 수단입니다. 중요하지 않은 것이 하나도 없습니다. 진심을 다하여 자신을 드려야 합니다.
* 예배 가운데 말씀으로 응답과 해결을 주십니다.
말씀을 집중하여 듣고 하나님의 뜻을 찾아야 합니다. 주신 말씀대로 살아야 기적이 일어납니다.
* 예배가 나를 살립니다. 이 사실을 명심해야 합니다.

10
Meet God

만약 나 자신의 노력으로만 희망의 사람이 되려고 한다면 그것은 헛된 희망에 지나지 않습니다. 오직 하나님 말씀이 나를 희망의 사람으로 바꾸어 줍니다. 이제 더 이상 미루지 맙시다. 하나님 말씀을 읽읍시다.

나는 어떤 사람인가?

왕하 23:1-20

핵심관점 요시야

유다의 16대 왕 요시야가 왕위에 오른 때는 어두운 시기였습니다. 그의 아버지 아몬은 24세에 살해당했고 그로 인해 요시야는 여덟 살의 어린 나이에 왕위에 올랐습니다. 이렇게 유다의 앞날은 아무런 기대도 할 수 없는 상황 속에 있었습니다.

요시야가 왕위에 오른 지 열여덟째 되던 해에 요시야가 대제사장 힐기야에게 성전을 수리하게 했습니다. 성전을 수리하는 중에 특별한 것을 발견했다는 소식을 요시야가 듣고 확인해보니 그것은 하나님의 언약 책이었습니다.

요시야는 이 언약 책을 손에 넣은 후에 갑자기 무서운 왕으로 돌

변하기 시작합니다.

유다 전역이 전쟁터를 방불하게 하는 소동이 벌어졌습니다.

1. 성전 안에 있는 그릇들을 모두 부셔서 불태워 버렸습니다.
2. 우상의 제사장들과 분향의 책임자들을 척결했습니다.
3. 아세라 상을 제거하고 불태워 빻아서 가루를 묘지에 뿌렸습니다.
4. 우상숭배자들이 거하던 처소가 남창의 본거지였기에 그곳을 헐어버렸습니다.
5. 우상숭배하는 제사장들의 산당을 모두 헐고 이들은 무교병을 먹지 못하게 했습니다.
6. 태양신의 말들과 수레를 불살랐습니다.
7. 자녀들을 우상에게 드렸던 힌놈의 골짜기를 더럽게 했습니다.
8. 우상숭배하던 자들은 무덤을 파헤치고 심지어 해골까지 다시 꺼내어 불사르고 빻아서 가루로 만들어 흩어버렸습니다.

설교를 이끄는 관점

이 얼마나 무섭고 끔찍한 일입니까?

백성은 갑자기 돌변한 요시야를 보고 뭐라고 했겠습니까?

아무리 왕이라도 함부로 사람을 죽이거나 이제까지 지켜왔던 전통을 하루아침에 무너뜨리는 것은 있을 수 없습니다. 요시야 한 사람 때문에 지금 나라는 엉망이 되어가고 있습니다.

누가 보아도 26살! 혈기 많은 청년의 광기라고 하지 않겠습니까?

지금까지 이스라엘 백성들은 몇 십 년 간 각기 자신들의 신을 따랐습니다.

　1. 자신들이 그렇게 믿고 따랐던 신들이 이 나라와 왕을 지켜주었다고 믿었는데 그 신들을 처참하게 파괴하고 불사르고 제사장을 죽이고 무덤까지 파헤치니 백성들이 가만히 있겠습니까?
　2. 왕이 된 후 16년간 가만히 있다가 갑자기 돌변한 이유가 무엇입니까?
　3. 이제까지 어떤 왕들도 그런 일을 행하지 않았습니다. 심지어 성군이라고 일컫는 다윗 왕조차도 이런 일을 행하지 않았습니다.
　4. 온 백성이 소동을 일으키며 더 이상 왕을 따를 수 없다고 항의한다면 어찌하려고 이러는 것일까요?

　요시야도 사람입니다. 어찌 이런 일을 하며 아무런 감정이 없었겠습니까?

　이 백성들은 지금까지 나이 어린 자신을 지켜주었고 이끌어 준 고마운 사람들입니다. 그런 사람들이 자신의 눈앞에서 처절하게 죽어가며 원망의 소리를 쏟아냅니다.
　"내가 이런 일을 하라고 당신을 도와준 것이 아니다", "충성을 원수로 갚다니?", "당신은 나라를 망치는 사람이다"라며 저주를 내뱉습니다.
　또 백성들은 여기저기서 "저런 망할 놈의 왕"이라고 아우성칩니다. 조상들의 무덤까지 파헤치며 그 뼈들을 불살라 가루를 만드는 현실 앞에서 절규하는 측근들을 보면서 어찌 괴로움이 없었겠습니까?

하나님의 목적으로 해결

왜 갑자기 요시야는 지금까지 자신을 따르며 생사고락을 함께했던 이들을 이토록 처참하게 사지에 던져 넣고 있을까요? 젊은 청년 요시야의 가슴을 이토록 매몰차게 만든 것은 무엇이었을까요?

이유가 있기 때문입니다. 백성들에게 희망을 주기 위해서입니다.

지금까지 백성들은 하나님을 버리고 우상에 빠져 타락과 저주의 긴 터널을 헤어나지 못하고 있었습니다. 요시야는 어두운 시대의 죄악을 끊어내고 내일의 희망을 주려고 청소한 것입니다.

요시야는 그 시대에 희망의 사람입니다.

그래서 요시야는

1. 희망의 창고를 열었습니다.

요시야가 성전을 수리하고 재건한 것은 희망의 창고를 열게 한 것입니다. 하나님의 전은 희망의 창고입니다. 하나님의 전이 폐쇄된 것은 희망이 끊어진 것입니다. 하나님의 전을 찾는 자는 희망을 여는 사람입니다.

2. 희망의 메시지를 듣고 나누었습니다.

요시야가 발견한 언약의 말씀은 자신과 백성들이 살 수 있는 희망의 메시지였습니다. 요시야는 먼저 희망의 메시지를 듣고 그 희망을 품었습니다.

그리고 언약의 말씀을 모든 백성에게 듣게 함으로 백성들 모두 희망으로 가득 채우게 했습니다. 하나님의 말씀은 희망입니다. 그 말씀을 듣는 자는 어떤 상황에서도 희망을 가지게 됩니다. 언약의 말씀 안에는 모두가 살 수 있는 희망이 담겨있습니다.

3. 요시야는 희망의 사람입니다.

자신과 백성의 내일을 여는 희망의 사람입니다.

요시야의 결단과 용기는 어두운 시대에 희망의 빛이 되었습니다. 아무도 예기치 못한 희망으로 백성을 다시 일으켰습니다.

4. 희망은 처절한 아픔과 시련을 이긴 자들에게 찾아옵니다.

요시야는 눈앞에 보이는 시련을 두려워하지 않았습니다. 사람들의 비난과 조소, 거센 항의에도 흔들리지 않았습니다. 희망을 품고 있었기 때문입니다. 언약의 말씀이 보여준 희망을 품었기 때문입니다. 희망을 가진 사람은 시련과 아픔 앞에서 좌절하지 않습니다.

믿음의 사람은 희망을 주는 사람입니다.
우리는 남에게 절망을 주는 사람이 되어서는 안 됩니다.
우리는 남에게 욕을 먹어서도 안 됩니다.
믿음의 사람은 내일을 열어가는 사람입니다.
믿음의 사람은 절망을 넘어 희망을 가지고 살아갑니다.

관점으로 청중 적용

사랑하는 여러분!

1. 사람은 희망이 보이지 않을 때 타락하고 어둠속으로 깊이 빠져듭니다.

희망이 없으면 절망하게 됩니다. 절망하는 사람은 생기가 없습니다.

제2차 세계대전 때 포로 2만 명이 수용되어 있던 일본군 포로수용소에서 무려 8,000명이 죽었는데 그 사인이 참 재미있습니다. 그 사인은 다른 것이 아니라 '절망'이었다고 합니다. 이는 절망이 얼마나 치명적인 무기인가를 가르쳐 주고 있습니다.

나는 누구입니까?
* 나는 희망의 사람입니까?
* 지금 우리에게 희망이 보이지 않는 것은 아픔입니다.
* 우리 주변에 희망의 사람이 없다는 것은 슬픔입니다.

2. 지금 우리에게 내일을 열어주는 희망의 사람이 필요합니다.
오늘 우리에게 요시야와 같은 사람이 너무도 필요합니다.

미국의 유명한 교육자인 "데일 카네기"의 화장실에는 아주 볼품없는 그림이 하나 걸려 있다고 합니다.
사람들은 왜 고급 저택에 그렇게 볼품없는 그림을 걸어놓느냐고 하는데도 그는 그 그림을 어떤 그림보다 소중하게 여긴다고 합니다. 카네기가 세일즈맨이던 젊은 시절, 그는 수없이 많은 거절을 당했다고 합니다. 실적이 곤두박질쳐서 어느 달에는 성과가 전혀 없을 때도 있었다고 합니다. 그는 절망에 빠져서 마치 세상 모두가 자기를 얕보고 방해하는 것처럼 느껴졌다고 그 당시 기분을 고백합니다. 급기야 그는 모든 희망을 잃고 사람조차 만나기 싫어져서 날마다 홀로 무위도식하며 지내기 일쑤였다고 합니다. 한참동안 그렇게 희망 없이 방황하면서 지내던 어느 날 그가 그림 가게 앞을 지나가게 되었습니다.

그때 창문 너머로 한 폭의 그림이 눈에 들어왔습니다. 모래사장 위에 볼품없이 놓인 낡은 나룻배를 그린 그림이었습니다. 그는 발길을 멈추고 그 그림을 유심히 바라보았습니다. 아마추어가 그린 보잘것없는 그림이었습니다. 그는 그림 속의 낡은 배가 지금 자신의 처량한 처지와 너무나 비슷하다고 생각했습니다.

그런데 그림 맨 밑에 자그마한 글귀가 적혀 있었습니다. 카네기의 눈이 그곳에 머물렀습니다. "반드시 밀물 때는 온다."

여기서 그는 영감을 얻습니다. 큰 충격을 받고 인생의 전환점을 맞게 되었습니다. 그는 이렇게 다짐합니다. "그렇다. 지금이 나에게는 주위의 모든 것이 썰물처럼 빠져나간 외롭고 힘든 기간이다. 그러나 참고 견디면 희망의 밀물이 나에게도 다가올 것이다."

카네기는 방황하던 그 시절 자기에게 새 삶을 살도록 이끌어준 그 그림에 쓰인 글귀를 생각하면서 다른 사람들에게도 희망을 주는 사람이 되었다고 합니다.

"지금은 썰물 같은 인생이지만 반드시 당신에게도 희망의 밀물이 밀려옵니다. 그러면 더 넓은 대양을 질주하는 인생이 됩니다."

사랑하는 여러분!
우리가 하나님께서 주신 희망을 품은 사람이 되면 절망의 썰물이 나가고 희망의 밀물 때가 반드시 옵니다. 그리고 저 푸른 바다를 마음껏 항해하는 날이 옵니다. 하나님이 분명 우리에게 희망의 파도, 희망의 밀물을 보내주십니다.

그러면 우리는 하나님이 보내신 희망의 밀물을 타고 다시 희망을 주는 사람이 될 수 있습니다.

청중 결단

오늘 요시야가 언약 책을 통해서 희망을 주는 사람이 될 수 있었던 것처럼 우리도 하나님 말씀을 통해서 희망을 주는 사람이 될 수 있습니다.

1. 특별히 요시야가 언약 책을 읽고 들었던 것처럼 오늘 우리도 한 번 하나님 말씀 읽기를 결단해 봅시다.

하나님 말씀을 읽기 위해서 하루에 구약 1장, 신약 1장 이상을 읽읍시다. 즉 하루에 최소 2장을 읽는 것입니다. 이제까지 성경읽기를 하지 않았다면 지금부터 읽으시기바랍니다. 구약은 창세기부터, 신약은 마태복음부터 읽으시면 됩니다.

만약 나 자신의 노력으로만 희망의 사람이 되려고 한다면 그것은 헛된 희망에 지나지 않습니다. 오직 하나님 말씀이 나를 희망의 사람으로 바꾸어 줍니다.

2. 이제 더 이상 미루지 맙시다.

하나님 말씀을 읽읍시다.

하루에 성경 두 장 이상 반드시 읽읍시다.

3. 우리가 말씀 읽는 것을 결단하면 하나님은 우리에게 복을 주실 것입니다.

하나님은 우리에게 주실 것을 준비해 놓고 계십니다.

1) 나에게 있는 절망은 사라지고 희망이 찾아옵니다.

2) 다른 사람에게 절망을 주는 사람이 아니라 희망을 주는 사람이 됩니다.

희망의 사람인 나 때문에 다른 사람들이 복을 받는 역사가 일어납니다.
희망의 사람인 나 때문에 가정이 복을 받습니다.
희망의 사람인 나 때문에 직장이 복을 받습니다.
희망의 사람인 나 때문에 나라와 민족이 복을 받습니다.

3) 말씀이 나를 변화시켜 나의 영혼이 변화되어 범사가 형통하는 역사가 일어납니다.

우리 다 같이 외칩시다.

"말씀이 나를 희망 주는 사람으로 바꾼다!"
"성경을 읽자!"

11
Meet God

내 입을 채우시려는 하나님의 음성입니다. 누구든지 이 음성을 아멘으로 받고 하나님의 말씀대로 살면 입을 여는 대로 채워 주십니다. 내 입을 가로막았던 원수들도 하나님의 손으로 누르고, 대적을 쳐서 완전히 해결해 주십니다.

네 입을 크게 열라!

시 81:8-16

핵심관점 하였으나

성경을 읽다보면 이상한 부분이 있습니다. 하나님의 약속이 일방적으로 임하고, 그 약속들을 일방적으로 거두시는 부분입니다. 상식적으로 말하면 약속하신 분이 그 약속을 끝까지 지켜야 되는 것이 맞습니다.

그런데 왜 이런 일들이 성경 여러 곳에 반복되는지 이해할 수 없습니다.

오늘 본문에도 이런 부분이 나타나고 있습니다.

10절 "나는 너를 애굽 땅에서 인도하여 낸 여호와 네 하나님이니 네 입을 크게 열라 내가 채우리라 하였으나"

이 말씀을 자세히 보면, 먼저 하나님께서 어떤 분이신가를 친히 말씀하신 후에 "네 입을 크게 열라 내가 채우리라"고 약속하셨습니다. 하지만 마무리 부분에 "하였으나"라는 말이 나옵니다. 이 말은 그 약속을 내가 하였지만 지금은 그 약속을 지킬 수 없다는 말을 하시려는 것처럼 들립니다.

설교를 이끄는 관점

분명히 먼저 약속하신 분이 하나님이심을 스스로 밝히셨습니다. 그리고 그 약속을 지킬 수 없다는 말도 스스로 하고 계십니다. 마치 변덕을 부리시는 하나님처럼 보입니다.

약속을 하셨으면 끝까지 지키셔야 합니다. "약속은 하였으나", 이런 변명을 하시면 안 됩니다.
사람들 사이에서도 약속을 하면 끝까지 지키려고 노력합니다. 하물며 약속하신 분이 하나님이시라면 어떤 일이 있어도 반드시 약속을 지키셔야 합니다.

하나님은 약속을 깨뜨리고 지키지 않는 분이다, 이런 소문이라도 난다면 누가 하나님을 섬기려고 하겠습니까? 약속을 부도내는 하나님은 더 이상 신앙의 대상으로 삼지 않으려고 할 것입니다.
이 말씀대로 믿고 입을 크게 열고 하나님의 채우심을 기대하던 사람들이 그 약속이 취소되었다면 얼마나 실망을 하겠습니까! 여러분 같으면 "약속은 하였으나" 지킬 수 없다는 하나님을 그래도 믿고 신앙할 수 있겠습니까?

왜 스스로 약속하고 스스로 지킬 수 없다고 하시는 것입니까?
우리는 그 이유를 알아야 합니다. 이는 하나님과 그분이 하신 모든 약속에 대한 신뢰를 결정하는 일이기 때문에 아주 중요한 문제입니다.

하나님의 목적으로 해결

약속을 어긴 것이 아니라 약속을 지킬 수 없으시기 때문입니다. 하나님께는 거짓과 속임수가 있을 수 없습니다. 하나님은 한 번 약속하면 반드시 이루시는 분입니다.

문제는 약속을 받아야 할 대상인 그 백성들이 하나님을 저버렸기 때문에 그 약속을 지키실 수 없게 된 것입니다. 그래서 하나님은 자신이 어째서 약속을 지키지 못했는지를 알게 하시면서 당신이 하신 약속을 지킬 수 있도록 다시 그 약속을 상기시키시고 그 약속의 복을 누리는 자가 되라고 하십니다.

8절은 그 약속을 받지 못하는 자들을 향하신 하나님의 심정입니다.

"내 백성이여 들으라 내가 네게 증언하리라 이스라엘이여 내게 듣기를 원하노라"

그리고 그들이 어떻게 하나님을 저버렸는가를 속속히 고발하셨습니다.

1. 다른 신을 두고 이방신에게 절함으로 하나님을 배신했습니다(9절).

"너희 중에 다른 신을 두지 말며 이방 신에게 절하지 말지어다"

이는 노골적인 배신입니다. 하나님께서 보시는 앞에서 생명이 없는 돌덩어리를, 우상을 하나님이라고 부르며 절함으로 하나님을 무시하고 멸시하는 행위를 일삼았습니다. 어찌 이런 자들에의 입을 채우며 그들을 복으로 채우실 수 있겠습니까!

2. 하나님의 음성을 거부했습니다(11절).

"내 백성이 내 소리를 듣지 아니하며 이스라엘이 나를 원하지 아니하였도다"

이는 하나님의 음성을 듣고도 못들은 척했다는 말입니다. 더 나아가 그런 말은 듣기 싫다고 귀를 막아 버렸습니다.
그리고 그들은 하나님의 음성이 들려지는 곳을 일부러 피하고 그 음성을 거부했습니다. 또한 하나님께 굴복하지 않았습니다. 그리고 하나님 앞에서 고개 들고 자기들의 입장을 대항하듯 내세웠습니다. 이런 자들의 입을 채울 수 없다는 것은 어린아이라도 알 것입니다.

3. 그래서 하나님도 그들을 버리셨습니다(12절).

"그러므로 내가 그의 마음을 완악한 대로 버려 두어 그의 임의대로 행하게 하였도다"

이들이 언제까지 하나님 없이 살 수 있는지 알게 하시려고 하나님께서도 그들을 버리셨습니다. 그들의 고집대로, 하고 싶은 대로, 마음껏 제 마음대로 살도록 버려두시며 그 결과를 스스로 알게 하셨습니다.

이런 자들에게 일부러 오늘 말씀을 주신 것은 이 음성을 듣고 돌이키면 다시 그 약속을 지키시기 위함입니다. 하나님의 심정은 우리를 살리고 우리의 입을 채워서 복되게 하시려는 것입니다. 우리는 이 사실을 놓쳐서는 안 됩니다.

관점으로 청중 적용

사랑하는 여러분!
1. 오늘 우리의 입도 채워야 합니다.
우리의 입은 우리 삶의 해결되지 않는 문제들과 그로 인한 부족들을 뜻합니다. 이러한 우리의 입이 채워지지 않을 때 우리는 힘들고 고통스럽습니다.

우리는 나름대로 입을 채우기 위한 노력들을 합니다. 그런데 왜 여전히 우리의 입은 채워지지 않을까요? 그것은 우리의 입이 채워지지 못하도록 방해하는 세력이 있기 때문입니다. 방해 세력이 가로막기에 문제가 사라지지 않는 것입니다.

14절 "그리하면 내가 속히 그들의 원수를 누르고 내 손을 돌려 그들의 대적들을 치리니"

하나님은 이 방해의 세력을 원수와 대적들이라고 하십니다. 문제는 이 방해 세력들을 우리의 힘으로는 물리칠 수 없다는 것입니다. 이 방해 세력은 하나님의 손으로만 물리칠 수 있습니다.

그러므로 우리에게 하나님의 손길이 절실히 필요합니다. 원수가 우리의 입을 채울 수 없도록 가로막는 것을 막아야 하기 때문입니다. 방법은 오직 하나뿐입니다.

2. 하나님(약속)을 떠난 삶에서 어서 돌이켜야 합니다.
13절에 하나님의 애타는 음성을 듣고 아멘 해야 합니다.

"내 백성아 내 말을 들으라 이스라엘아 내 도를 따르라"

자기 백성들의 텅 빈 삶을 채워주시려는 애타는 아버지의 음성입니다.
이 음성을 들을 수 있는 기회가 있는 것만으로도 우리는 행복합니다.

1) 내 입을 채우시려는 하나님의 음성입니다.

누구든지 이 음성을 아멘으로 받고 하나님의 말씀대로 살면 입을 여는 대로 채워 주십니다. 내 입을 가로막았던 원수들을 하나님의 손으로 친히 막아주십니다. 내 입을 채워야 합니다. 내 일이 채워지는 것이 복입니다.

2) 형식적이고 외식적인 태도를 버리십시오!
15절 "여호와를 미워하는 자는 그에게 복종하는 체할지라도 그들의 시대는 영원히 계속되리라"

"그에게 복종하는 체할지라도", 이 말은 하나님과 세상을 양다리 걸치는 상태를 의미합니다. 속으로는 하나님을 미워하면서도 겉으로는 안 그런 척하는 것과 하나님께 열심인 척하면서 세상에 속한 자의 양면적인 속내입니다.

하나님께 모든 것을 맡기고 하나님만을 전적으로 신뢰하며 믿음을 지키면 반드시 입을 여는 대로 채워 주십니다.

3) 하나님은 전능하신 분입니다. 끝까지 하나님을 의지하는 자에게 약속하신 좋은 것을 주시는 분입니다.
16절 "또 내가 기름진 밀을 그들에게 먹이며 반석에서 나오는 꿀로 너를 만족하게 하리라 하셨도다"

우리의 입에 좋은 것으로 채우시는 하나님이 나의 하나님이십니다. 하나님의 채우심을 믿는 자는 만족함이 넘쳐납니다.

청중 결단

네 입을 크게 열라 내가 채우리라!
여기서 입을 크게 열라는 말은 무슨 의미입니까?
무엇이든지 구하라는 말입니다.
어떤 소원이라도 이루어 주신다는 약속입니다.
하나님을 바로 섬기면 무엇이든지 이루어 주신다는 약속입니다.

믿음 지키고 하나님을 저버리지 않으면 이 약속은 내 것입니다.
우리는 입을 크게 열어 우리의 삶을 채우시는 기적을 누립시다.

12
Meet God

여호사밧이 노래하는 자들을 군대 맨 앞에 내세운 것은, 여호사밧이 하나님을 향하여 그리고 온 백성과 적군을 향하여 보여주고 싶은 것이 있기 때문입니다. 이 전쟁은 하나님이 이기신 전쟁임을 모두에게 선포하고 승리의 하나님께 노래, 찬양으로 먼저 감사하려는 것입니다.

노래하는 자들

대하 20:20~23

핵심관점 노래하는 자들을 택하여

지금 유다는 연합군의 침략으로 나라를 잃을 수도 있는 위기 상황을 맞았습니다.

모압, 암몬, 마온 연합군이 유다를 빼앗기 위해서 단단히 준비하고 쳐들어왔기 때문입니다. 당연히 유다는 국가 비상사태를 선포하고서 이들을 막아낼 준비를 해야 합니다.

하지만 유다의 왕 여호사밧은 이 전쟁을 이길 힘이 없음을 알고 금식을 선포하고 하나님의 방법을 구합니다.

이런 여호사밧의 중심을 보신 하나님은 응답을 주셨습니다.

17절 "이 전쟁에는 너희가 싸울 것이 없나니 대열을 이루고 서서 너희와 함께 한 여호와가 구원하는 것을 보라. 너희는 두려워하지 말아라"

이에 여호사밧이 하나님께서 주신 응답으로 힘을 얻어서 아침 일찍 일어나 두려워하는 백성들을 모으고 하나님의 음성을 전하며 용기를 주고 위로합니다.

20절 "너희는 너희 하나님 여호와를 신뢰하라. 그리하면 견고히 서리라. 선지자들을 신뢰하라 그리하면 형통하리라"

이 이야기를 들은 백성들이 얼마나 힘이 났겠습니까!

설교를 이끄는 관점

그런데 21절을 보면 "백성들과 더불어 의논하고 노래하는 자들을 택하여 거룩한 예복을 입히고 군대 앞에서 행진하며"라고 했습니다.

지금은 전쟁 중입니다! 무슨 노래하는 자들을 앞세워 군대에 앞서며 노래를 시킨다는 것입니까! 아무리 하나님의 응답이라고 하더라도 이건 말도 안 되는 행동입니다.

성경을 자세히 보십시오!
하나님께서 이런 짓을 하라고 말씀하셨다는 내용이 없습니다.
갑자기 무슨 노래를 한다는 것입니까?

지금은 전쟁 중입니다!

전쟁은 잔치가 아니라 목숨을 걸고, 나라의 운명을 걸고, 죽느냐 사느냐 싸워야 하는 곳입니다.

이건 누가 보아도 아닙니다!

이런 일을 시키는 왕도 따라서 하는 백성들도 모두 미친 것입니다.

하나님의 목적으로 해결

여호사밧은 위기를 신앙으로 극복한 사람입니다. 그의 중심에는 하나님이 계십니다. 이런 여호사밧이 다소 엉뚱하게 보이지만 분명한 이유가 있기에 전쟁 중에 노래를 부르면서 행진하게 한 것입니다.

여호사밧이 노래하는 자들을 군대 맨 앞에 내세운 것은, 여호사밧이 하나님을 향하여 그리고 온 백성과 적군을 향하여 보여주고 싶은 것이 있기 때문입니다. 그것은 그의 믿음입니다!

어떤 믿음입니까!

이 전쟁은 하나님이 이기신 전쟁임을 모두에게 선포하고 승리의 하나님께 노래, 찬양으로 먼저 감사하려는 것입니다. 이것이 여호사밧이 가지고 있는 믿음이고, 하나님의 응답에 대한 여호사밧의 화답(신앙고백)입니다.

하나님께 드리는 찬양이기에

1. 백성들과 의논하여 노래하는 자들을 택했습니다(21절).

"택하여", 이는 특별히 노래 잘하는 사람들을 뽑은 것입니다. 하나님께 드리는 찬양은 아무나 할 수 없기에 믿음으로 구별한 것입니다. 노래하는 은사가 있는 자들을 특별히 구별했습니다. 하나님께 드리는 찬양, 노래이기에 특별한 자들이 필요했습니다.

2. 거룩한 예복을 입혔습니다(21절).

예복을 입힘으로 하나님을 찬양하는 자들의 자세와 믿음을 보여드렸습니다. 이들은 거룩한 예복을 통해 하나님께 드려진 하나 된 자들임을 보여드렸습니다.

3. 이들이 감사의 찬양을 드렸습니다(21절).

왜 감사했을까요? 이미 이겼다고 확신했기 때문입니다. 이것이 찬양의 목적입니다. 주신 은혜도 찬양, 주실 은혜도 믿음으로 찬양함이 찬양의 목적입니다. 하나님께 드리는 찬양에는 원망과 불평이 있을 수 없습니다. 오직 감사와 영광뿐입니다.

4. 찬양이 시작될 때 하나님이 기적을 주셨습니다(22절).

그때에 여호와께서 복병을 두어 유다를 치러 온 자들을 물리치셨습니다. 여호사밧과 노래하는 자들의 믿음을 모두 받으시고 미리 응답하신 대로 하나님께서 직접 싸우시며 승리를 주셨습니다.

관점으로 청중 적용

사랑하는 여러분!

1. 노래하는 자들이 누구였습니까? 요즘으로 말하면 성가대입니다.

여러분은 성가대가 어떤 곳이라고 생각했습니까?
내가 성가대 자리에 앉아있는 이유를 알고 있습니까?
내가 성가대에서 노래하는 것이 어떤 의미인지 알고 있습니까?
내가 성가대를 어떤 자세로 감당하고 있는가를 생각해 본적이 있습니까?
내가 지금 이대로 성가대를 쭉 감당해도 되겠습니까?
성가대에 앉아 있는 내 모습에 어떤 문제가 있는지 살펴야 합니다.

2. 노래와 찬송이 시작될 때 하나님께서 움직이셨습니다!

내 노래와 찬양이 하나님을 움직이는 기적을 누립니다!
하나님께서 들으심이요, 듣고 반응하심입니다!
이 얼마나 감격스런 일입니까!

내 목소리를 들으시고 하나님이 반응하신다는데 대충, 아무렇게나, 되는 대로 할 수는 없습니다.

1) 자신이 구별된 자임을 잊지 마십시오!

내가 성가대에 앉아있는 것만으로도 나는 특별한 자입니다. 옷만 구별되게 입는 것이 아니라 신앙과 생활이 구별되어야 합니다.

2) 믿음으로 드리는 찬양만이 응답을 받습니다!

노래 실력도 중요합니다. 하지만 하나님께서 기뻐하시는 찬양은 믿음이 우선입니다. 믿음에 실력을 더하면 하나님께 더 큰 영광이 됩니다. 성가대는 믿음도 실력도 모두 갖추어야 합니다. 믿음의 훈련도, 실력 향상을 위한 연습도 게을리해서는 안 됩니다.

3) 하나님은 그 교회의 찬양으로 그 교회의 문제를 해결하십니다! 매 주일의 찬양은 매 주일 기적을 일으키는 능력입니다!
말씀을 듣기 전에 찬양을 먼저 드리는 것은 하나님을 기쁘시게 함으로 말씀을 통한 더 큰 은혜를 사모함입니다.

청중 결단

여러분이 기적을 불러오는 주인공입니다!
1) 주신 은혜에 감격으로 찬양합시다.
은혜가 고갈되면 찬양이 아니고 노래입니다.
2) 오늘 주실 기적을 찬양합시다.
하나님께 집중해야 합니다.
3) 구별되고 절제된 생활을 합시다.
이것이 능력을 주시는 통로입니다.
4) 예배를 리드해야 합니다.
잘못된 태도를 바로잡고 적극적인 예배의 리드자가 됩시다.
5) 연습과 영성을 겸비해야 합니다.
영성으로 연주하는 것이지 발표가 아닙니다.

이렇게 준비된 자를 반드시 기적의 주인공으로 사용하십니다!

13

Meet God

하나님은 복 주실 근거를 찾으십니다. 아무리 믿음이 좋다고 해도 행동으로 헌신의 과정을 보여주지 않는다면 기적은 일어나지 않습니다. 밀가루 한 줌이라도 드려야 기적이 일어납니다. 기름 몇 방울이라도 드려야 기적이 일어납니다. 근거 없는 복은 하나님의 축복이 아닙니다.

떨어지고 없어지지 않도록

왕상 17:8-16

핵심관점 먼저

북 왕국 이스라엘 땅에 3년 이상 가뭄이 계속되고 있습니다.

그 가뭄의 정도가 얼마나 심했는지 이슬 한 방울도 내리지 않았습니다. 이런 상황에서 생명을 부지하기란 죽기보다 힘들었을 것입니다.

흉년을 선고한 엘리야는 사람들의 낯을 피하여 요단 앞 그릿 시냇가에 숨어 있었고 하나님은 그런 엘리야에게 까마귀를 통하여 떡과 고기를 먹이셨습니다. 하지만 얼마 되지 않아 그릿 시내도 말라 버리자 엘리야도 위기를 느낄 수밖에 없었습니다.

이때 하나님께서 엘리야를 시돈 땅에 속한 사르밧으로 가도록 명하셨습니다. 시돈 땅 사르밧에 도착한 엘리야는 그곳에서 한 과부를 만나게 됩니다. 이 과부는 아들과 홀로 살고 있는 여인으로 흉년을 당하여 마지막 남은 한 끼 정도의 식량으로 떡을 만들어 아들과 함께 식사하고 죽음을 당하리라는 각오로 떡을 구울 나뭇가지를 주우러 나온 여인입니다.

설교를 이끄는 관점

엘리야는 이 여인에게 아주 잔인한 이야기를 합니다.
이 과부가 아들과 함께 마지막으로 먹으려고 준비하는 떡을 엘리야 자신에게 먼저 가져오라는 것입니다. 이 과부와 아들의 마지막 식사를 엘리야가 빼앗아 먹겠다는 것입니다.

이런 황당한 경우가 어디 있습니까?

1. 빼앗아 먹을 것을 빼앗아 먹어야지 흉년에 굶주린 과부의 마지막 식량을 탐내다니 이러고도 선지자라고 할 수 있습니까?
2. 선지자라면 불쌍한 과부에게 자신의 것을 먼저 내어 주는 것이 순서입니다. 자신의 것을 주지는 못할망정 과부의 것을 빼앗다니 이럴 수는 없습니다.
3. 하나님의 사람이 과부의 마지막 식량을 빼앗아 먹었다면 주변 사람들이 엘리야를 어떻게 생각하겠습니까?

* 왜 하필 과부의 마지막 식량입니까?

앞절을 보면 전능하신 하나님께서 까마귀를 통해서 엘리야를 아침과 저녁으로 먹이셨습니다. 하나님께서 얼마든지 다른 방법을 주시면 되는데 왜 하필 불쌍한 과부에게 이러는 것입니까?

* 12절을 보면 엘리야의 말에 이 과부도 기가 막혔는지 먹고 죽을 것을 달라고 하느냐고 소리 지르고 있지 않습니까!

* 이 과부의 마지막 밀가루 한 줌과 약간의 기름을 먼저 내어 달라는 엘리야의 진짜 속내는 무엇입니까?

하나님의 목적으로 해결

엘리야는 하나님의 사람입니다. 그는 지금 사사로운 욕심을 앞세우는 것이 아님을 주목해야 합니다. 엘리야가 이 과부의 마지막 식량을 먼저 요구한 것은 하나님이 복 주실 자가 누구인가를 찾아내기 위함입니다.

9절에 보면 엘리야는 하나님께서 자신을 먹이실 자를 예비하셨다는 음성을 듣습니다. 하지만 그가 누구인가는 알지 못했습니다. 그래서 그는 사르밧에 도착해 처음 눈에 보인 과부에게 이런 요구를 함으로써 하나님의 복 받을 자가 맞는가를 찾은 것입니다.
이 과부는 하나님께서 복 주실 자가 맞습니다. 그의 말과 행동을 유심히 살펴보십시오. 이 과부의 복받을 모습은,

1. 자신에게 다가온 시험을 이겨냈습니다(12절).

과부의 말 속에서 그가 상당히 불편한 심정이었음을 짐작할 수 있습니다. 남은 식량으로 자식을 먹이고 죽을 각오를 했다는 과부에게 그것을 요구하는 엘리야의 음성은 아주 커다란 시험이 아닐 수 없었습니다. 하지만 과부는 이런 시련을 이겨냈습니다.

2. 이렇게 시련을 이겨낼 수 있었던 것은 약속을 믿었기 때문입니다(13, 14절).

엘리야의 말씀은 흉년으로 죽음의 위기를 맞은 과부에게 복음 중에 복음이었습니다.

"비가 지면에 내리는 날까지 통에 밀가루가 떨어지지 아니하고 그 병의 기름이 없어지지 아니하리라"

이 약속을 받지 못했다면, 이 약속을 믿지 못했다면 어떻게 그 귀한 것을 드릴 수 있었겠습니까! 이 과부는 오직 엘리야의 말을 믿고 행동했습니다. 엘리야의 음성을 하나님의 음성처럼 믿었습니다.

3. 이 과부는 준비된 복을 놓치지 않기 위해 자신의 것을 헌신했습니다(15, 16절).

자신이 가진 것이 아주 보잘것없는 것이었지만 그것을 드리는 헌신을 했습니다. 이 과부의 헌신이 축복의 씨앗과 축복의 통로가 되었습니다.

"여호와께서 엘리야를 통하여 하신 말씀과 같이 통의 가루가 떨어지지 아니하고 그 병의 기름이 없어지지 아니하니라"

이 과부는 헌신을 통해 흉년을 피할 길을 열었습니다. 그 헌신으로 흉년 중에 아무도 누릴 수 없는 큰 복을 누리게 되었습니다.

관점으로 청중 적용

사랑하는 여러분!
1. 지금 우리도 사르밧 과부와 크게 다르지 않은 때를 살고 있습니다.

질병의 흉년, 경제적인 흉년, 예고 없는 재난(지진과 가뭄 그리고 전쟁의 위험)으로 인한 흉년의 때를 살고 있습니다. 이런 흉년들은 우리의 힘으로는 극복하기 힘든 것들입니다. 이것이 우리의 문제입니다!

지금 여러분은 어떤 흉년을 겪고 있습니까?
통의 가루가 떨어져가고, 병의 기름이 말라가는 현실 앞에서 발만 동동 구르고 있는 사람은 없습니까?

방법이 있습니다!
흉년을 해결할 비결이 있습니다. 통의 가루와 그 병의 기름을 떨어뜨리지 않는 길이 있습니다.

2. 하나님의 손길이 임하시면 됩니다!

하나님께서 흉년을 해결할 열쇠를 쥐고 계십니다.

1) 크고 작은 시험을 이겨내십시오!
시련은 복을 주시려는 하나님의 사인입니다. 시험과 시련에 무너지는 자는 하나님이 준비하신 축복의 보따리를 풀 수 없습니다. 하나님의 복은 아무에게나 임하는 것이 아닙니다. 반드시 그 복을 받을 만 한 자에게만 주십니다.
시험은 축복의 장소에 이르는 계단입니다. 우리는 시험을 이겨내는 과정을 통하여 더 큰 축복의 자리에 오를 수 있습니다.

2) 하나님께 복 받을 근거를 드리십시오!
아무리 믿음이 좋다고 해도 행동으로 헌신의 과정을 보여주지 않는다면 기적은 일어나지 않습니다.
밀가루 한 줌이라도 드려야 기적이 일어납니다. 기름 몇 방울이라도 드려야 기적이 일어납니다. 근거 없는 복은 하나님의 축복이 아닙니다.
헌신은 먼저 드리는 것입니다. 약속을 믿고 드리는 것이 헌신입니다. 내 마음대로 결정해서 드리는 것은 헌신이 아닙니다.

3) 하나님은 환란 날에 큰 도움이십니다.
흉년의 때와 풍년의 때를 주관하시는 분은 하나님이십니다.
엘리야의 하나님은 나의 하나님이십니다! 하나님께서 도우시면 어떤 가뭄도 넉넉히 이길 수 있습니다. 하나님은 나의 환란과 고통을 해결하시려고 오늘 이 말씀으로 나를 찾아오셨습니다.

청중 결단

내 삶의 우선순위를 분명히 하십시오!

* 나는 누구를 제일 먼저 생각합니까?
* 나는 누구의 결정을 앞세우며 행동합니까?
* 나는 헌신에 대해 어떤 생각을 가지고 있습니까?
* 내 인생의 우선순위에 누가 있습니까?

14. 성소냐! 하나님이냐!

15. 아브라함과 하갈

16. 위기 탈출

17. 이삭을 낳다

하나님을 만나다

3
성소냐!
하나님이냐!

Meet God

14
Meet God

성전을 향하여 채찍을 드신 주님을 잊지 말아야 합니다. 교회는 예수님의 십자가 구속의 은혜로 가득해야 합니다. 이를 방해하는 세력들을 청소해야 합니다. 하나님보다 사람을 앞세우고, 보이는 외형을 더 중시하는 모습을 청소해야 합니다.

성소냐!
하나님이냐!
겔 11:14-21

핵심관점 성소

에스겔 11장은 두 부분으로 되어있습니다.

예루살렘 성읍에 심판이 임하는 장면과(1-13절) 또 한 부분은 포로로 끌려간 이스라엘 민족들이 회복되는 장면입니다(14-21절).

당시 이스라엘 백성들 중 일부는 포로가 되어 예루살렘을 떠나 이방 땅에 끌려가서 객과 노예처럼 사는 무리들과 예루살렘 성전을 지키고 살아가는 두 부류의 사람들이 있었습니다. 본문은 예루살렘을 떠나지 않고 성전을 지키고 살아가는 자들에게 임한 예언입니다.

당시 예루살렘 성전을 중심으로 살아가던 자들은 자신들의 삶에 대단한 자부심을 가지고 있었습니다. 하나님께서 자신들을 예루살렘 성전 곁에 남겨두신 것은 자신들을 향하신 특별한 은혜고 혜택이라고 여겼습니다.

그래서 이방 땅에 끌려가 성전을 지키지 못하고 성소에 와서 예배하지 못하는 자들을 향하여 "하나님을 멀리하라" "하나님을 떠나라"는 말로써 그들을 조롱하고 비난했습니다.

그들이 포로로 끌려간 것은 자신들의 의지와 전혀 무관하게 이뤄진 일임에도 불구하고 예루살렘 성읍 사람들의 비난과 조롱이 너무도 노골적이고 거세기에 포로로 끌려간 자들은 어찌할 도리 없이 당할 수밖에 없었습니다.

설교를 이끄는 관점

그렇다면 정말 성소를 가까이하지 못하고 성전과 멀어졌던 이들은 하나님을 떠나야 할 만큼 중대한 범죄를 저질렀기에 하나님께 버림 당한 것입니까?

본문을 보면 포로로 끌려간 이들은 무척 성전을 그리워하며 살았습니다. 하지만 몸이 성전과 멀어진 이방 땅에서 살아간다는 이유로 이들의 이런 마음은 아무도 알아주지 않았습니다.

자신들이 성전을 지키며 성소를 가까이 섬겼기에 오직 자신들 외에는 하나님을 가까이 할 수 없다고 배척하던 이들의 말에 성소를 떠나있던 자들은 할 말을 잃을 수밖에 없었습니다.

그런데 이상하지 않습니까?

왜 하나님은 예루살렘 성읍에 진노를 선포하셨을까요?

성전을 지키고 성소에서 하나님을 가까이 섬겼다고 자부하던 자들에게 내려질 진노의 심판은 무슨 의미입니까?

성전을 지키고 섬긴 자들은 하나님을 가까이한 자들입니다.

오히려 성전을 지키지 못하고 하나님과 멀리 있던 자들이 심판을 받아야 마땅한 것이 아닙니까? 성전을 지키며 하나님을 가까이한다는 자부심으로 가득했던 자들에게 내려진 진노는 무엇입니까?

하나님의 목적으로 해결

분명한 것은 예루살렘 성읍에서 성전을 지키던 자들의 주장과 하나님이 보시는 시각에 분명한 차이점이 있다는 사실입니다

하나님은 공의로우신 분입니다. 그분에게 편견과 잘못된 판단은 있을 수 없습니다. 하나님은 에스겔 선지자를 통하여 성전을 지키고 성소를 섬겼다고 주장하는 자들에게 진노를 드러내시는 하나님의 심정을 알게 하셨습니다.

하나님은 건물, 물리적인 성전(성소)에도 거하시지만 그 성전을 섬기는 자들의 진심(신앙)이 하나님을 떠나면 하나님도 그들을 떠나십니다.

16절에 포로 된 자들이 성전을 진심으로 사모하고, 성소(하나님)를 건물로 여기지 않고 진실(믿음)로 섬기던 자들임을 아시고 그들에게 "성소가 되리라"고 말씀하셨습니다. 즉 하나님이 그들과 함께 계심을 알게 하셨습니다.

1. 하나님께서 성전(성소) 지키던 자들을 떠나신 이유는 무엇입니까?(18, 21절)
   1) 하나님이 미워하시는 물건들과
   2) 모든 가증한 것을 버리지 않고
   3) 하나님과 겸하여 섬겼기 때문입니다.

2. 그래서 하나님은 이방의 포로였던 자들에게 성소가 되어주시려고(19절)
   1) 한마음을 주시고
   2) 그 속에 새 영을 주시고
   3) 그 몸에서 돌 같은 마음을 제거해 주시고 살같이 부드러운 마음을 주시고
   4) 율례대로 살도록 은혜 주심을 약속하셨습니다.

3. 예수님은 이 땅에 계시는 동안 예루살렘 성전 건물이 아니라 자신이 성전이요 성소임을 보여주셨습니다.
   하나님께서는 성소, 건물에 갇혀계시는 분이 아닙니다. 살아있는 신앙과 삶이 있는 곳이면 어디든지 그들과 함께 계시며 은혜를 쏟아 주십니다.

관점으로 청중 적용

사랑하는 여러분!
오늘 우리의 신앙은 성소입니까? 하나님입니까?

1. 성소만을 붙들고 사는 신앙인들이 적지 않습니다.

보이는 건물(교회 건물)만을 고집하는 신앙인들이 있습니다.
이들은 자신들이 출입하는 건물이 마치 하나님의 특별한 은혜의 결과인 것처럼 여깁니다. 그래서 보이는 건물(성소)에 목숨을 겁니다.

하나님을 보이는 건물과 비례하여 상대합니다.
작은 건물, 초라한 건물과 장소에서는 하나님도 작고 초라한 분이, 큰 건물, 웅장한 장소에는 역시 크고 대단하신 하나님이 계시다고 여깁니다.
자신들이 가진 것과 비교하여 하나님을 평가하고 함부로 업신여깁니다.
특별히 큰 건물과 많은 사람들이 모이는 교회에 다니는 사람들은 특권의식이 있어서 정죄와 비난도 서슴지 않습니다.
보이는 현실에 따라 이렇게 해도 되는 것처럼 결과를 포장하고 과장합니다.

그렇다면 정말 하나님께서도 그러실까요?

2. 하나님은 자신이 성소(건물)에 가려지는 것을 경고하십니다.

하나님을 붙들어야 합니다. 보이는 것이 전부가 아닙니다.

1) 성전을 향하여 채찍을 드신 주님을 잊지 말아야 합니다.
교회는 예수님의 십자가 구속의 은혜로 가득해야 합니다.
이를 방해하는 세력들을 청소해야 합니다.
하나님보다 사람을 앞세우고, 보이는 외형을 더 중시하는 모습을 청소해야 합니다.

2) 하나님의 경고를 잊지 마십시오!
하나님께서 두 번이나 강하게 경고하신 것이 무엇입니까?
하나님께서 미워하는 것, 가증스러운 것을 버려야 합니다. 이것을 버리지 못하면 아무리 화려한 성소도 하나님께서 외면하십니다.

3) 교회는 건물이 아니라 공동체와 신앙고백입니다.
교회당은 신앙고백을 함께하는 사람들이 모이는 특별한 공간입니다.
이 공간이 세상과 구별되는 것은 마땅합니다. 하지만 이 건물의 존재만으로 하나님의 활동을 평가해서는 안 됩니다.

지금 나의 믿음은 성소입니까! 하나님입니까!

청중 결단

하나님이 성소가 되어 주고 싶은 사람이 됩시다.
하나님께서 함께해 주고 싶은 사람, 부드러운 사람(성령으로 녹아진 사람)이 됩시다.

　내 주장을 버립시다.
　하나님 중심의 삶을 삽시다.
　내가 가는 곳마다 하나님께서 동행하심을 믿고 말하고 행동합시다.

　이런 자들이 하나님의 백성이 되고 하나님은 그들의 하나님이 되어 주시는 복을 누리게 됩니다.

15

Meet God

하나님의 개입이 없이는 내 삶은 안전하지 않습니다. 하나님께서 주도하시지 않으면 그 어떤 해결도 임시방편에 지나지 않습니다. 하나님께서 나서셔야 합니다. 그래야 내 인생의 근심과 걱정이 사라집니다. 오늘 하나님께서는 나를 위하여 움직이려 하십니다.

아브라함과 하갈

창 21:8-21

핵심관점 하갈

　살다보면 억울하고 답답한 일을 당할 때가 있습니다. 누구 한 사람도 내 편이 되어주는 사람도 없고, 하소연할 데도 마땅치 않고, 믿었던 사람마저 등을 돌려버릴 때 그야말로 죽고 싶은 심정이 굴뚝의 연기처럼 올라옵니다. 여러분은 이런 경우가 없었습니까?

　오늘 본문에 이런 여인이 한 사람 등장합니다. 바로 아브라함의 두 번째 부인 하갈입니다. 아브라함이 85세에 부인 사라의 동의하에 이방 여인 하갈을 둘째 부인으로 맞습니다.
　사라가 동의할 수밖에 없는 표면적인 이유는 자신이 아브라함의 자식을 낳지 못해 하갈을 통하여 자식을 보려는 속셈 때문이었습니다.

시간이 지나 하갈은 이스마엘이라는 자식을 낳았고, 사라도 아이를 낳아 젖을 떼었습니다. 그러던 어느 날, 하갈의 아들 이스마엘이 사라가 낳은 아들 이삭을 놀리는 것을 사라가 본 것입니다(9절). 그리고 곧바로 사라가 아브라함에게 달려가 당장 하갈과 이스마엘을 내어 쫓으라고 으름장을 놓았습니다(10절).

설교를 이끄는 관점

사라의 입장을 이해할 수 있습니다. 하지만 이건 갑질의 횡포나 다름없습니다.

사라가 아들 이삭을 낳기 전까지 아브라함과 사라 모두 이스마엘을 귀한 자식으로 여기고 살았습니다. 이런 자식을 낳아준 하갈에게도 고마운 마음이 가득했습니다. 그런데 사라가 아들을 낳았다고 이렇게 안면을 바꾸고 노골적으로 학대하다니 말도 안 되는 경우입니다.

사라의 이런 냉혹한 처사는 아브라함이 막아야 합니다.

아브라함의 입장에서는 똑같은 자식이고 부인입니다. 사라의 입장이 바뀌었다고 아브라함의 입장까지 바뀐다면 아브라함은 남편과 아버지의 자격이 없습니다. "아브라함이 그의 아들로 말미암아 그 일이 매우 근심이 되었더니"(11절). 아브라함은 근심하고 또 근심해서라도 이 일을 지혜롭게 해결해야 합니다. 사라와 이삭 편에 서서 하갈과 이스마엘을 억울하게 해서는 안 됩니다.

그런데 12절을 보십시오!

"하나님이 아브라함에게 이르시되 네 아이나 네 여종으로 말미암아 근심하지 말고 사라가 네게 이른 말을 다 들으라 이삭에게서 나는 자라야 네 씨라 부를 것임이니라"

아브라함의 근심을 눈여겨보시던 하나님께서 사라의 말대로 하갈과 이스마엘을 내쫓으라고 하십니다. 말이 안 됩니다. 하나님은 아브라함이 이들 모자를 쫓아낸다고 해도 말리셔야 되는 분입니까! 그런데 어찌 하나님께서 직접 나서서 이들 모자를 내쫓으라고 하십니까?

하갈과 이스마엘이 무슨 잘못을 했습니까?
아이들은 싸움도 하고, 서로 놀리기도 하면서 자라는 것입니다. 어미는 다르지만 이들은 분명한 형제입니다. 아이의 잠깐 실수로 어미까지 내어 쫓는 것은 있을 수 없는 일입니다. 어미의 입장에서 단 한 번만이라도 생각했다면 이럴 수는 없습니다. 더구나 하나님까지 나서셔서 하갈과 이스마엘을 무시하시다니 정말 믿을 수 없는 일입니다.

만일 여러분이 하갈의 입장이라면 어떤 생각을 하시겠습니까?

하나님의 목적으로 해결

우리가 믿고 의지하는 하나님은 공의롭고 진실하신 분입니다. 하나님께서 아브라함에게 하갈과 그의 아들을 내어 쫓으라 하신 것은 그만한 이유가 있으시기 때문입니다.

하나님은 아브라함에게 이 모든 분쟁의 원인이 어디에 있는지 알게 하시려는 것입니다. 아브라함이 근심하고 걱정하는 이 모든 분쟁의 원인은 아브라함입니다. 다시 말하면 아브라함이 하나님의 언약을 불신하고 하갈을 첩으로 삼아서 일어난 일입니다.
그래서 하나님은 아브라함으로 하여금 하갈을 내어 쫓게 하심으로 아브라함 스스로 문제의 원인을 알고(찾게 하시고), 그것을 제거하게 하시려는 것입니다.

하나님은 아브라함이 문제의 원인을 알고 제거할 때(14절), 아브라함이 해결할 수 없는 것들을 직접 나서서 해결해 주셨습니다.

1. 아브라함이 이스마엘로 인하여 근심할 때, 하나님의 언약은 변하지 않았음을 다시 한 번 일깨워 주셨습니다(12절).
하나님은 아브라함의 생각과 다름을 알게 하셨습니다. 하나님은 오직 이삭을 통하여 언약이 성취됨을 알게 하시고 이스마엘을 아브라함의 마음에서 놓게 하셨습니다.

2. 하나님은 아브라함이 하갈과 이스마엘을 놓을 수 있도록, 이스마엘의 장래도 알게 하셨습니다(13절).
하나님은 아브라함의 자식으로서 이스마엘이 결코 모자람이 없도록 그의 앞길을 준비하셨습니다. 이는 아브라함을 위한 하나님의 특별한 배려입니다.

3. 하갈이 이 일로 아브라함과 원수가 되지 않도록 하갈에게도 충분한 은혜를 주셨습니다(17절).

아브라함의 집에서 쫓겨난 하갈과 그의 아들이 광야에서 방황하며 울부짖을 때(14-16절), 하나님은 직접 하갈의 아픔을 위로하시고, 그 아들의 앞길을 축복하심으로 하갈이 더 이상 아브라함과 사라를 원망하지 않도록 그녀의 감정까지 살펴주셨습니다(18-19절).

이는 복의 사람 아브라함의 앞길을 여시는 하나님의 열심입니다.

관점으로 청중 적용

사랑하는 여러분!
1. 지금 무엇 때문에 근심하며 힘들어하고 있습니까?
문제의 원인을 모르는 것이 더 큰 문제입니다.
오늘 우리 안에 감추어진 문제가 무엇인지 알아야 합니다. 이 문제의 원인을 찾아내지 못하면 내 삶은 계속되는 문제로 하루도 편할 날이 없을 것입니다. 오늘은 내 삶의 감추어진 문제를 찾아내서 제거하는 날입니다.

2. 문제의 원인은 사라도, 하갈도, 이스마엘도 아닙니다.
하나님의 언약을 불신하고 내 마음대로 결정하고 행동했던 바로 나입니다. 내가 문제의 원인인 아브라함입니다.

1) 나의 조급함은 하나님의 약속을 무시할 수 있습니다.

모든 문제의 원인에는 조급함이 있습니다. 조급함은 불신의 결과입니다.

2) 나의 욕심은 하나님의 언약을 무시할 수 있습니다.

욕심은 자기 생각을 앞세우는 행위입니다. 하나님의 언약 앞에 굴복하는 것은 겸손입니다.

3) 하나님의 약속을 무시한 결과들은 당장 나타나지 않을 수 있습니다.

우리가 자주 실수하는 이유입니다. 당장 문제의 결과들이 나타나지 않기 때문에 반복적인 실수를 합니다.

4) 하나님의 약속을 무시한 결과를 제거하지 않을 때 내 주변은 계속되는 문제를 피할 수 없습니다.

3. 하나님의 개입이 없이는 내 삶은 안전하지 않습니다.

하나님께서 주도하시지 않으면 그 어떤 해결도 임시방편에 지나지 않습니다. 하나님께서 나서셔야 모든 문제가 해결됩니다. 그래야 내 인생의 근심과 걱정이 사라집니다. 오늘 하나님께서는 나를 위하여 움직이려 하십니다.

청중 결단

믿음을 앞세우지 않은 결정들을 취소하십시오!

예를 들어, 아주 중요한 일이라고 주일을 어기면서까지 그 일을 하는 결정을 했다면 그 결정은 하갈을 데려온 것과 같은 것입니다. 언젠가는 그 결정이 나와 주변 그리고 아주 가까운 사람들이 근심하고 염려해야 될 상황을 야기할 것입니다. 당장 그 결과가 나타나지 않는다고 그런 결정을 쉽게 해서는 안 됩니다.

스스로 문제의 원인을 제거할 때 하나님께서 움직이심을 잊지 마십시오!
하나님은 내 모든 문제를 해결할 준비를 하고 계십니다.
내가 스스로 움직이기를 기다리십니다.

16
Meet God

평소에 믿음으로 살아야 합니다. 평소에 없던 믿음이 위기 때 큰 믿음으로 나타나지 않습니다. 평소 믿음대로 살던 그 신앙의 힘이 위기 때에도 능력을 나타냅니다. 날마다 믿음으로 사는 신앙훈련을 게을리 하지 말아야 합니다.

위기 탈출
시 54:1-7

핵심관점 나를 돕는 이시며

시 54편의 배경은 삼상 23:15-28절입니다.

시 54편을 시작하는 글에 "다윗의 마스길, 십 사람이 사울에게 이르러 말하기를 다윗이 우리가 있는 곳에 숨지 아니하였나이까 하던 때에"라고 함으로 삼상 23장이 본문과 같은 배경임을 밝히고 있습니다.

> 삼상 23:15절 "다윗이 사울이 자기의 생명을 빼앗으려고 나온 것을 보았으므로 그가 십 광야 수풀에 있었더니"

사울에게 쫓기던 다윗은 십 광야로 피신했습니다. 다윗이 십 광야로 간 이유는 정확히 알 수 없지만 그곳이 비교적 안전하다고 믿었기에 피신처로 삼았을 것입니다.

그런데 전혀 예기치 못한 일이 발생했습니다.

삼상 23:19-20절 "그 때에 십 사람들이 기브아에 이르러 사울에게 나아와 이르되 다윗이 우리와 함께 광야 남쪽 하길라 산 수풀 요새에 숨지 아니하였나이까 그러하온즉 왕은 내려오시기를 원하시는 대로 내려오소서 그를 왕의 손에 넘길 것이 우리의 의무니이다 하니"

십 광야 사람 중 하나가 사울에게 달려가서 다윗이 자신의 거처에 숨었다는 사실을 고자질한 것입니다. 그리고 사울 왕이 조용히 군사를 이끌고 십 광야로 오면 자신들이 다윗을 안전하게 잡아두었다가 넘기겠다고 약속합니다.

이런 사실을 전혀 알 수 없었던 다윗은 십 광야 수풀에 숨어서 잠시 숨을 돌리고 있을 때 사울이 들이닥쳤습니다.

삼상 23:25-26절 "사울과 그의 사람들이 찾으러 온 것을 어떤 사람이 다윗에게 아뢰매 이에 다윗이 바위로 내려가 마온 황무지에 있더니 사울이 듣고 마온 황무지로 다윗을 따라가서는 사울이 산 이쪽으로 가매 다윗과 그의 사람들은 산 저쪽으로 가며 다윗이 사울을 두려워하여 급히 피하려 하였으니 이는 사울과 그의 사람들이 다윗과 그의 사람들을 에워싸고 잡으려 함이었더라"

사울이 쫓아온 것을 뒤늦게 알게 된 다윗은 이리저리 몸을 숨기기에 정신이 없었습니다. 이런 숨이 턱까지 차오르는 상황에서 고백한 내용이 시 54편입니다.

3절에도 이런 다윗의 다급함과 위기가 나타나고 있습니다.
"낯선 자들이 일어나 나를 치고 포악한 자들이 나의 생명을 수색하며 하나님을 자기 앞에 두지 아니하였음이니이다(셀라)"

다윗의 고백을 보면 십 광야에서 겪고 있는 상황이 짐작갑니다.
* 우리는 이런 다윗을 보면서 몇 가지 의문점을 가지게 됩니다.

1. 왜 사울은 다윗을 포기하지 못할까요? 사울이 이렇게까지 집요하게 다윗을 잡으려는 이유는 무엇일까요?

2. 비교적 안전하다고 믿었던 십 광야 사람들로부터 다윗이 배신당한 이유는 무엇일까요?

3. 다윗이 누구인지 십 광야 사람들도 들었을 텐데 이들이 다윗을 사울에게 넘긴 이유는 무엇일까요?

4. 사울의 적극적인 공격에 대처하는 다윗의 태도가 의심스럽지 않습니까? 다윗은 사울을 공격하지 않고 일부러 피하듯이 도망만 다닙니다.

5. 더구나 시 54편에서 다윗은 무조건 하나님의 도움만을 때를 쓰듯이 구하고 있습니다. 자신은 도망만 다니면서 하나님께 도와달라니 이해할 수 없습니다.

설교를 이끄는 관점

1–2절 "하나님이여 주의 이름으로 나를 구원하시고 주의 힘으로 나를 변호하소서 하나님이여 내 기도를 들으시며 내 입의 말에 귀를 기울이소서"

* 하나님께 자신을 변호해달라고 합니다.
이렇게 된 것이 마치 자신의 잘못이 아니라 하나님의 탓인 것처럼 하나님께 떠넘기고 있습니다.

* 하나님이 구원해 주셔야 한다고 합니다.
주의 이름으로 자신을 구원해 주시고 자기의 기도대로, 자신의 말대로 해달라고 합니다.

* 이런 상황을 만든 것은 다윗입니다. 그런데 왜 하나님께서 구원해 주셔야 한다고 떼를 쓰는 것입니까?

4절 "하나님은 나를 돕는 이시며 주께서는 내 생명을 붙들어 주시는 이시니이다"

* 하나님은 자신을 돕는 자시라고 장담하기까지 합니다.
하나님께서는 자신의 생명을 붙들어 주시는 분시라고 큰소리칩니다.

5절 "주께서는 내 원수에게 악으로 갚으시리니 주의 성실하심으로 그들을 멸하소서"

* 더 나아가 다윗은 하나님께 자신의 원수까지 갚아 주실 것을 요구합니다. 원수들이 다시는 일어서지 못하도록 완전히 그들을 멸망시켜달라고 합니다.

위기의 순간에 자신은 아무런 조치도 취하지 않고 하나님을 향하여 일방적으로 이런 고백을 하는 다윗의 진짜 속마음은 무엇일까요?

하나님의 목적으로 해결

시 54편은 위기 앞에 선 다윗의 신앙고백입니다.
마스길, 즉 확신에 가득한 다윗의 하나님을 향한 신앙고백입니다.
사울에게 쫓기고, 십 광야 사람들에게 배신당해도 하나님은 절대로 변하지 않으심을 믿기에 위기 앞에서 다윗의 믿음을 하나님께 보여드린 것입니다.

1. 다윗은 하나님께서 자신을 돕는 분이심을 믿었습니다.
자신을 도우시는 하나님은 자신의 처지에 따라서 변하는 분이 아님을 믿었습니다.
사울이 두려움의 대상이 아니라, 십 광야 사람들이 의지의 대상이 아니라 오직 하나님만이 자신을 도우시며 건지는 분이심을 믿고 확신했습니다.

2. 그래서 다윗은 사울에 대한 원망도 십 광야 사람들에 대한

섭섭함도 없습니다.

오직 하나님의 판단으로 원수들을 처단해 주실 것을 구했습니다.

하나님께서 모든 형편과 처지를 다 아신다는 믿음을 가졌기에 하나님께 처분을 맡겼습니다.

3. 다윗은 이런 신앙으로 낙헌제를 서원합니다.

낙헌제는 결과에 관계없이 드려지는 감사와 찬양의 제사입니다.

구해주셔도 감사, 안 구해주셔도 감사하는 신앙을 고백했습니다. 이것이 진정한 다윗의 믿음이었습니다.

4. 하나님은 이런 다윗의 믿음대로 응답하셨습니다.

7절 "참으로 주께서는 모든 환난에서 나를 건지시고 내 원수가 보응 받는 것을 내 눈이 똑똑히 보게 하셨나이다"

무엇을 보게 하셨다는 것입니까?

삼상 23:27-29 "전령이 사울에게 와서 이르되 급히 오소서 블레셋 사람들이 땅을 침노하나이다 이에 사울이 다윗 뒤쫓기를 그치고 돌아와 블레셋 사람들을 치러 갔으므로 그 곳을 셀라하마느곳이라 칭하니라 다윗이 거기서 올라가서 엔게디 요새에 머무니라"

하나님께서 다윗을 살리시려고 블레셋을 움직이셨습니다. 다급한 사울은 눈앞에 있는 다윗을 포기하고 돌아가야 했습니다. 하나님의 구원역사입니다. 다윗은 이런 하나님을 믿고 조금도 흔들리지 않았습니다. 이것이 시 54편 다윗의 고백입니다.

관점으로 청중 적용

사랑하는 여러분!
1. 우리에게도 위기가 찾아옵니다.
믿었던 사람들로부터의 배신감이나 실망감을 느끼기도 하고, 준비되지 못한 상태에서 환란과 고난이 찾아오기도 합니다. 이런 경우 우리는 대부분 이성을 잃고 감정을 추스르지 못한 채 위기 속으로 뛰어들게 됩니다.

그 결과 해결보다는 위기가 위험스런 상황으로 더 크게 번져갑니다. 때에 따라서는 사람 잃고, 돈 잃고, 모든 것을 잃는 경우도 있습니다. 위기를 이겨내야 합니다. 위기를 이겨내지 못하면 그 위기가 나를 집어삼킵니다.

지금 위기 한가운데를 지나는 사람이 있다면 오늘 위기에서 탈출하는 기회를 붙잡으시기 바랍니다.

2. 위기에서 탈출하는 비결은 하나님입니다.
다윗은 위기 때마다 하나님을 붙잡고 일어섰습니다. 사울의 위기, 십 광야 사람들의 위기, 한 치 앞도 내다볼 수 없는 상황에서 하나님을 붙잡고 그 모든 위기를 탈출했습니다.

1) 평소에 믿음으로 살아야 합니다.
평소에 없던 믿음이 위기 때 큰 믿음으로 나타나지 않습니다.
평소 믿음대로 살던 그 신앙의 힘이 위기 때에도 능력을 나타냅니다.
날마다 믿음으로 사는 신앙훈련을 게을리 하지 말아야 합니다.

2) 믿음은 하나님을 붙잡는 것입니다. 하나님을 놓치지 않는 것이 진정한 믿음입니다.
모든 것을 다 버리고 포기하는 한이 있어도 절대로 하나님을 놓쳐서는 안 됩니다.
하나님은 나를 돕는 자이심을 굳게 믿고 조금도 의심하지 마십시오!
하나님이 도우시면 사울도 문제될 것이 없습니다.
하나님이 도우시면 십 광야 사람들이 보호하지 않아도 됩니다.
하나님께서 돕지 않으시면 그 무엇이라도, 그 누구라도 소용없습니다.

3) 위기의 순간, 그 자리에서 하나님께 엎드리십시오!
위기는 엎드려야 해결됩니다. 구하는 것은 엎드리는 것입니다.
바위 위를 쫓겨 가면서도 엎드렸습니다.
배신의 감정을 짓누르고 엎드렸습니다.
몰려오는 군사들의 발자국 소리를 들으면서 엎드렸습니다.
지금이 하나님께 엎드릴 때입니다.

청중 결단

기적을 간증합시다.

위기를 이긴 자들의 신앙고백이 또 다른 위기를 이기게 합니다.

한 주간 믿음으로 크고 작은 위기를 이기고 그 결과를 성도들과 나누어 봅시다.

나도 기적의 사람이 될 수 있습니다.

오직 믿음!

오직 하나님!

17
Meet God

지금 믿고 고백하고 신앙하면 즉시 기적을 주십니다! 나의 현실이 절망적일수록 더 큰 하나님의 영광이 나타납니다. 비웃지 말고 믿음을 가지고 아멘 하십시오!

이삭을 낳다

창 21:1-7

핵심관점 이삭(웃음)

　세상에는 신기한 일들이 많습니다. 주변에서 쉰둥이란 말을 들은 적이 있습니다. 하지만 백세에 아이를 낳았다는 말은 들은 적도 본 적도 없습니다. 세계 여러 나라의 기록을 살펴보아도 이런 출산기록은 없습니다. 기네스북에 기록된 최고령 자연 출산 기록은 64세 영국여성이라고 합니다. 얼마 전 인도에서 70세 여성이 아이를 출산한 보도가 있었는데 그녀는 인공수정을 통한 출산이었습니다.

　그런데 오늘 본문 2절에 "사라가 임신하고 하나님이 말씀하신 시기가 되어 노년의 아브라함에게 아들을 낳으니"라고 했습니다. 이때 아브라함의 나이는 100세(21:5)였고 그의 아내 사라는 91세였습니다.

설교를 이끄는 관점

여러분은 이 말씀을 어떻게 받아들입니까?

나이가 많거나 아이를 정상적으로 가질 수 없을 때 인공수정이라는 방법을 통해 아이를 얻는 분들이 있습니다. 하지만 이때는 이러한 의학이나 과학적인 기대를 전혀 할 수 없었고 오직 자연적인 방법만을 통하여 아이를 얻어야 했습니다.

아이를 가질 수 있는 여인의 기능이 없는 90세의 할머니가 아이를 갖고 정상적인 분만을 했다면 누가 이 말을 믿겠습니까? 다른 사람은 몰라도 의사들은 말도 안 되는 이야기라고 들으려 하지 않을 것입니다.

90세의 사라는 자신이 아이를 가졌다는 사실을 어떻게 받아들였을까요? 과연 자신이 정상적인 아이를 낳을 수 있다고 생각했겠습니까?

상식으로도, 과학으로도, 이성으로도 납득할 수 없는 일을 성경이 기록하여 보여주는 이유는 무엇일까요?

하나님의 목적으로 해결

여러분은 하나님께서 이상한 분이라는 생각이 들지 않습니까?
아브라함과 사라에게 아이를 주시겠다는 약속을 아브라함이 75세

때 하셨습니다. 그리고 아브라함의 나이 백세를 채워서 아들을 주셨습니다. 왜 그러셨을까요?

아브라함과 사라가 한 살이라도 더 젊은 나이에 자녀를 주셨다면 사라와 아이가 덜 위험할 수 있었습니다. 또한 아이에게 더 좋은 양육을 할 수도 있었습니다. 그런데 왜 100세에 산모도 아기도 모두 위험스런 상황에서 자녀를 주셨을까요?

하나님을 보여주시기 위해서입니다.
1%의 가능성도 없는 사라에게 아들 이삭은 하나님이 누구신가를 보여주시는 가장 좋은 사건이었습니다. 아브라함 개인에게는 약속이 이루어지는 순간이지만 아브라함을 바라보는 모든 자들에게는 하나님이 누구신가를 알게 하시는 중요한 기회로 삼으셨습니다.

1. 하나님은 불가능이 없으신 분입니다.

하나님께서는 원하시면 무엇이든지 이루시는 분입니다. 인간의 불가능은 하나님께 전혀 문제가 되지 않습니다.
'하나님의 미련한 것이 사람보다 지혜 있고 하나님의 약한 것이 사람보다 강하니라'(고전1:25).

2. 하나님은 반드시 약속을 지키십니다.

아브라함에게 주신 자녀는 하나님께서 반드시 약속을 이루는 분임을 보여주신 사건입니다. 하나님의 약속은 하나님의 때에 이루어집니다. 약속하신 분의 의지와 계획이 반드시 결과(자녀)를 통하여 나타납니다.

3. 100세에 주신 아들 이삭의 이름은 "웃음"이란 뜻입니다.

처음 아들을 낳으리라 했을 때 사라가 웃었습니다. 이는 여인으로서 자신의 상태를 너무 잘 알기에 웃을 수밖에 달리 표현할 방법이 없었습니다. 이는 사라뿐 아니라 이 이야기를 듣는 자들 모두가 웃을 일이었습니다.

"사라가 이르되 하나님이 나를 웃게 하시니 듣는 자가 나와 함께 웃으리로다"(6절)

* 하나님은 이들의 웃음을 기적으로 바꾸어 놓으셨습니다.
하나님께서 하시는 일을 알지 못하는 자는 웃습니다. 하나님께서 하시는 일은 절대로 웃음거리가 되지 않습니다.

관점으로 청중 적용

사랑하는 여러분!
1. 우리도 이삭을 낳을 수 있을까요?
눈앞에 보이는 현실이 이삭을 낳을 수 있는 상황이 아닙니다.
내가 100세고 아내가 90세라도 여전히 아이를 낳을 수 있다고 믿겠습니까?

웃을 것입니다.
말도 안 된다는 사실을 모두가 너무도 잘 알기 때문입니다.
그런데 하나님은 지금도 아들 이삭을 낳게 하십니다.
인간의 힘으로 불가능한 일들을 여기저기서 보여주고 계십니다.

하지만 사람들은 이 일들을 바라보면서 웃고 있습니다. 비웃거나, 어이가 없다거나, 신기하다고 하면서도 믿지 않습니다. "설마 그런 일이 어떻게 일어날 수 있어? 우연치고는 이상해. 어쩌다 그런 일이 일어난 것인가" 하면서 하나님을 향하여 웃음만 짓고 있습니다.

지금 당신도 주변에서 일어나는 일들을 바라보면서 웃고 있지는 않습니까?

2. 하나님을 향한 믿음을 일으키십시오!

하나님은 살아계십니다. 그리고 우리 가운데 여전히 이삭을 낳게 하십니다.

1) 웃음은 믿음이 없는 자들의 모습입니다.

기적의 주인공이 될 수 있는 기회를 웃어넘기는 어리석은 자입니다.

나에게도 이삭이 태어날 수 있음을 믿어야 아들이 태어납니다. 하나님은 믿는 자에게 기적을 주십니다. 우리의 가능성을 보시는 것이 아닙니다. 오직 믿음만을 보십니다.

2) 믿음을 보여드려야 합니다.

약속의 말씀을 주셨을 때 아멘으로 영광을 돌렸다면 벌써 주셨을 것입니다. 하지만 믿음 없이 하나님의 약속을 웃음으로 받았기에 하갈과 이스마엘의 갈등으로 상처 받은 사라가 하나님의 약속을 기억하고 "이제라도 그 약속을 믿습니다" 할 때 아들을 주셨습니다. 아브라함과 사라가 믿음을 보여드렸을 때가 100세였습니다.

지금 믿음으로 고백하면 즉시 기적을 주십니다!

더 이상 비웃지 말고 당장 아멘으로 기적을 받으십시오.

3) 하나님은 나에게 아들 주실 기회만을 기다리십니다!

아들 이삭은 약속을 근거로 주셨습니다. 하나님께서는 약속을 붙잡고 움직이는 자에게 이삭을 주십니다. 자신의 욕망만을 앞세우고 하나님을 잊어버리면 결국 아무것도 남지 않습니다.

청중 결단

오늘 내가 받을 이삭은 무엇인가? (소원)
오늘 우리 교회가 받을 이삭은 무엇인가? (비전)
* 이삭을 주시는 분은 하나님이심을 잊지 말아야 합니다.
* 끝까지 믿음을 보여드려야 합니다.
* 믿음을 보여드리는 것은 주실 줄 믿고 행동하는 것입니다.
* 한순간도 웃지(포기하지) 마십시오! 반드시 이삭이 주어짐을 잊지 마십시오!

믿음의 사람은 반드시 이삭을 받습니다.

18. 말

19. 사필귀정

20. 기다림

21. 충성

하나님을 만나다

4
기다림

Meet God

18
Meet God

들은 바를 행동으로 옮길 때 권세가 나타납니다. 성경 안에 있는 모든 기적과 이적은 행동하는 자들에게 나타났습니다. 말씀의 권세를 믿고 움직이는 자에게 권세를 보여주십니다. 하나님의 권위와 권세는 지키고 행하는 자들에게만 나타납니다.

말(모세의 말)

신 5:1-6

핵심관점 **내가 말하는 대로**

모세가 이스라엘 백성들을 불러 모으고 이런 당부를 합니다. 1절은 모세가 당부한 핵심입니다.

"오늘 내가 너희 귀에 말하는 규례와 법도를 듣고 그것을 배우며 지켜 행하라"

한마디로 모세가 말하는 것들을 하나도 빠뜨리지 말고 행동으로 옮기라는 말입니다.

설교를 이끄는 관점

지금 모세가 선포한 것은 이스라엘 백성들 입장에서 아주 부담스러운 말입니다. 백성들의 생각과 의견을 묵살하고 자신의 말만 따르라는 강요이기 때문입니다.

왜 백성들이 모세의 말을 일방적으로 따라야 합니까?
모세도 백성들과 같은 사람입니다. 완전한 사람이 아닙니다.
모세도 실수하고 문제를 안고 살아가는 자입니다. 따라서 그의 말은 완전할 수 없고 모든 문제를 다 해결할 수 있는 능력을 가진 자도 아닙니다.
그런데 왜 자신의 말대로 무조건 따르라고 합니까? 더 나아가 자신이 하는 말을 따르기 위해서 배우라고까지 하니 백성들 입장에서 모세의 일방적인 말이 어떻게 들렸겠습니까?

아주 부담스러웠습니다.
개인의 권리를 묵살하고 자신의 말만을 전적으로 강요하는 모세의 말은 백성들의 심기를 아주 불편하게 했습니다.

여러분이라면 어떻게 하시겠습니까?
아무런 불평 없이 모세의 말대로 할 수 있겠습니까?
아마도 쉽지 않을 것입니다.
모세의 말 중에 따르기 어려운 부분이 있다면 더욱 불편했을 것입니다.
그런데 왜 모세는 자신의 말대로 할 것을 강요하고 있을까요?

하나님의 목적으로 해결

모세의 말이 백성들에게 불편하게 들릴 수 있다는 것을 모세가 어찌 모르겠습니까? 하지만 반드시 모세의 말대로 해야만 합니다. 그래야 모두가 살 수 있기 때문입니다.

5절 "그때에 너희가 불을 두려워하여 산에 오르지 못함으로 내가 여호와와 너희 중간에 서서 여호와의 말씀을 너희에게 전하였노라"

지금 모세가 하는 말은 모세의 말이 아닙니다. 모세가 여호와와 백성들 사이, 중간에서 대언, 대신 전하는 여호와의 말씀입니다. 모세는 자신의 말이 하나님의 권위, 하나님의 권세가 있는 말씀이기에 백성들이 모세를 통하여 선포되는 여호와의 말씀을 힘써 따르라고 강조한 것입니다.

1. 모세가 듣고 배우고 지키라 한 것은 모세의 것이 아닙니다(2절).

모세의 입에서 나온 모든 것은 하나님께서 우리에게 주신 언약, 즉 약속들입니다. 이 언약은 모세의 것이 하나도 없습니다. 우리는 이 언약의 주체가 하나님이심을 잊지 말아야 합니다. 언약 안에는 하나님의 권위와 권세만이 있습니다.

2. 모세를 통하여 주시는 말씀을 지금 하나님께서 주시는 말씀으로 받아야 합니다(3절).

하나님의 말씀은 언제나 현재형입니다.

지금 이 시간 살아있는 나를 향하여 주시는 약속의 음성입니다.
오늘 나를 찾아오시는 하나님의 음성입니다.

3. 모세의 말, 하나님의 말씀대로 사는 것이 앞으로 살길입니다 (6절).

하나님께서 지난 시간 우리에게 행하신 것을 말씀하신 것은 이 말씀대로 살아가는 자는 지금도, 앞으로도 동일하게 그리하신다는 약속입니다.

관점으로 청중 적용

사랑하는 여러분!
1. 모세의 말에 대해서 평소 어떤 생각을 했습니까?
우리는 모세들을 통하여 말씀하시는 음성을 어떻게 들었습니까?

* 정말 하나님의 음성으로 듣고 받아들여서 그대로 신앙했습니까? 아니면 모세의 소리로만 들었습니까?

* 우리에게 여호와의 말씀이 있으니 더 이상 모세가 필요 없다고 생각하는 사람은 없습니까?

* 불편한 진실은 모세의 말을 하나님의 권위를 가진 음성으로 듣는 자들이 많지 않다는 사실입니다. 모세를 통하여 드러내시려는 하나님의 권위보다는 모세에게 더 관심을 가진 사람들이 많습니다.

오늘 하나님과 우리 중간에 서있는 모세는 누구입니까?
부모, 스승, 목사는 하나님이 세우신 리더, 이 시대의 모세입니다.
하나님의 권위를 가지고 말씀의 질서를 이루어가는 자들입니다.

하나님의 말씀과 권위가 이들을 통하여 자녀와 성도들에게 들려지고 있습니다. 이들을 통하여 하나님의 말씀을 깨달으려면 모세와의 관계도 중요하게 여겨야 합니다.
이번 기회에 자신을 살펴보시기 바랍니다.

2. 하나님은 중간에 모세를 세워서 말씀하십니다.
지금 이 시대는 직접 말씀하시는 특별계시(하나님의 직접적인 음성)는 없습니다. 하나님은 이미 주신 성경(규례와 법도)을 통하여 모든 것을 이루어가십니다.
성경에는 하나님의 권위와 권세가 담겨져 있습니다. 하나님은 이 말씀을 모세를 통하여 하실 때 하나님의 권위와 권세를 드러내십니다.

1) 말씀의 권위를 업신여기지 말아야 합니다.
하나님의 권위 앞에서 나는 어떤 모습입니까?
하나님의 규례와 법도를 따르지 않는 것은 하나님의 권위를 무시하는 행동입니다. 자기 편한 대로 말씀을 해석하고 따르는 것을 금해야 합니다.
말씀을 함부로 대하는 태도를 고쳐야 합니다.

2) 말씀에 대한 적극적인 자세를 가져야 합니다.

하나님 말씀의 권세가 나타나려면 성경(설교)을 듣고, 성경공부하며 모든 방법으로 참여해서 배워야 합니다.

배운다는 말은 깨달으려는 노력을 의미합니다.

말씀에 대한 적극적인 태도는 하나님을 섬기는 최고의 자세입니다.

3) 들은 바를 행동으로 옮길 때 권세가 나타납니다.

성경 안에 있는 모든 기적과 이적은 행동하는 자들에게 나타났습니다. 말씀의 권세를 믿고 그 말씀대로 움직이는 자에게 권세를 보여주십니다.

하나님의 권위와 권세는 지키고 행하는 자들에게만 나타납니다.

4) 지금도 하나님은 모세를 세워서 말씀하십니다.

모세를 함부로 대하는 것도 하나님을 업신여기는 것입니다.

모세와 좋은 관계를 유지해야 나를 향한 하나님의 음성이 들립니다.

청중 결단

특히 설교에 집중하십시오.

설교에 대한 집중력을 높이십시오.

설교를 듣기 위해서 준비하고 기대하십시오.

방해 요소들을 제거하십시오.

아주 사소한 것도 세심하게 살피십시오.

아멘 합시다!
그리고 행동으로 옮겨 봅시다!
(한 주간에 한 가지씩 실천해 봅시다!)

하나님의 권세가 나에게 나타나는 복을 누리게 됩니다.

19
Meet God

죄를 버리십시오! 범죄의 결과는 하나님의 진노와 멸망입니다. 죄를 멀리하고 죄와 싸워서 이겨야 합니다. 예수님은 죄와 싸워 이기신 분입니다. 예수님의 능력으로 죄를 끊어내고 죄를 던져버려야 합니다.

사필귀정

대상 10:7-14

핵심관점 사울과 그의 아들들이 다 죽은 것을 보고

사울은 이스라엘 초대 왕이었습니다.

처음 하나님은 그의 모습을 기뻐하셨습니다(삼상 9:2-16). 하지만 지금 사울과 그의 아들들의 모습은 너무도 비참합니다.

* 그의 세 아들들은 블레셋 사람들에 의해서 한꺼번에 죽음을 당했습니다(10:2).

* 블레셋에 쫓겨 도망하던 사울 왕도 블레셋의 활 쏘는 자를 당할 수 없게 되자 옆에 있던 군사에게 자신을 죽여 달라고 간청했습니다. 하지만 무기를 가진 군사가 두려워 행하기를 원하지 않자 사울 스스로 칼 위에 엎드러져 자결했습니다(10:4).

* 사울 왕과 그 아들들의 시신이 길거리에 버려져 있으나 이스라

엘 백성들은 아무도 거들떠보지 않고 도망하기 바빴습니다(7절).

* 블레셋 사람들이 사울 왕과 그의 아들들의 시신을 발견하고 그 시신들을 능멸한 후 자신들이 섬기는 다곤 신전에 사울 왕의 목을 매달아 승리를 즐겼습니다.

설교를 이끄는 관점

한 나라의 왕과 그의 아들들이 한꺼번에 이런 꼴을 당하다니 믿을 수 없는 일입니다. 더구나 사울 왕은 자신을 지켜 주는 변변한 군사도 없이 적의 추격을 이겨내지 못하고 스스로 자결했다니 얼마나 안타깝고 비참한 일입니까? 사울 왕과 그의 아들들의 죽음으로 그야말로 사울 왕의 가문은 패망했습니다.

* 사울 왕과 그의 아들들은 어쩌다 이런 참담한 꼴을 당한 것입니까?

그들이 죽음 당할 때 왜 그 주변에 아무도 없었습니까?

아무리 그래도 한 나라의 왕이 백성들을 버리고 자결하다니 너무 무책임하고 어이없는 행동입니다. 사울 왕은 왜 이런 극단적인 선택을 한 것일까요?

그들의 죽음을 백성들은 어떻게 받아들였을까요?

* 사울 왕과 그 아들들의 죽음은 이스라엘 백성들을 충격에 빠뜨렸고 백성들은 삶의 터전을 버리고 도망하기에 바빴습니다. 한마디로 온 나라가 혼란에서 벗어날 수 없었습니다.

여러분은 사울 왕과 그 아들들의 죽음을 보면서 어떤 생각이 들었습니까?

하나님의 목적으로 해결

원인이 있습니다!
한 나라의 지도자는 하나님의 특별한 섭리 가운데 세워집니다. 사울 왕 또한 하나님의 각별한 관심 가운데 세워진 이스라엘 첫 번째 왕입니다.

그는 왕이 되기 전 하나님의 마음에 쏙 들었습니다(삼상 9:2, 15-16).
이스라엘 중에 사울보다 더 준수한 자가 없었다고 했습니다. 이런 사울을 하나님께서 직접 지목하셔서 "내 백성을 사울에게 맡긴다"고 말씀하셨습니다. 처음 사울은 외모와 중심이 하나님을 흡족하게 했습니다.

이런 사울이 변했습니다.
사울 왕과 그의 아들들의 패망은 전적으로 사울 왕이 하나님을 떠났기 때문입니다.

13절이 사울의 가문이 패망한 이유입니다.
"사울이 죽은 것은 여호와께 범죄 하였기 때문이라"
우리는 이 부분을 주목해야 합니다.
사울 왕의 죽음은 "사필귀정"입니다. 분명한 이유가 있는 결과였습니다.

사울 왕의 범죄를 살펴봅시다.

1\. 그는 여호와의 말씀을 지키지 않았습니다(13절).

이는 하나님을 무시하고 업신여긴 범죄입니다. 자신을 세워 왕 삼아주신 하나님을 배신하고 그 은혜를 저버린 패륜이었습니다. 주인을 거역하고 대적하는 죄악을 저지른 것입니다.

2\. 그는 신접한 자에게 가르치기를 청했습니다(13절).

"신접한 자" 곧 귀신, 악령의 소리를 귀담아 들었다는 말입니다. 더러운 영과 그 영에 사로잡힌 자들과 연합하여 하나님의 거룩하심을 짓밟았습니다.

이는 하나님을 조롱하고 비웃는 행위입니다. 하나님께서 가장 싫어하는 행위를 저지르면서도 전혀 뉘우침이 없었습니다. 자신의 잘못을 살피지 않았습니다.

3\. 그는 여호와께 묻지 않았습니다.

모든 것을 자기 마음대로, 제멋대로 했습니다. 하나님의 의도와 뜻을 무시했습니다. 자기 하고 싶은 대로 행함으로 하나님을 버렸습니다. 하나님과의 관계를 스스로 끊어 버렸습니다. 하나님과 대면하기를 거절했습니다. 하나님을 거절한 것입니다. 하나님을 버린 죄악입니다.

* 그 결과 하나님께서 그와 그의 가문을 패망시키셨습니다.

그의 범죄는 그와 그 아들들까지 멸망에 이르게 했습니다. 이는 사울이 스스로 자초한 일입니다. 사울 스스로 원인과 결과를 자초했습니다.

관점으로 청중 적용

사랑하는 여러분!
1. 지금 나는 어떤 삶을 살고 있습니까?
사울의 멸망을 통하여 오늘 내가 다시 붙잡아야 할 것은 없습니까?

* 오늘 내가 살고 있는 모습은 내일 내 삶의 결과로 나타납니다.
내일 그 결과 앞에서 울며불며 통곡하고 발버둥 쳐도 돌이킬 수 없는 날이 올 수 있습니다.

* 지금 내가 놓치고 있는 것은 없습니까?
변하지 말아야 할 것들이 변질되어가고 있지는 않습니까?
놓치지 말아야 할 것을 놓치고 있지는 않은지 세심하게 살펴야 할 때입니다.

* 지금 나를 점검하고 다시 세워야 사울 왕과 그 아들들의 불행한 모습을 막을 수 있습니다. 나 때문에 주변이 돌이킬 수 없는 고통에 이르는 일을 막아야 합니다.

* 하나님은 살아계십니다.
그분은 지금 내가 어떻게 살고 있는지를 절대 놓치지 않으십니다.

2. 사필귀정을 잊지 마십시오!

오늘 내 삶은 나와 내 후손에게 복의 결실을 남겨야 합니다.
내일 나타날 복의 결실은 오늘 나의 신앙생활의 결과입니다.

사울에게서 배워야 합니다!
 1) 죄를 버리십시오!
 범죄의 결과는 하나님의 진노와 멸망입니다. 죄를 멀리하고 죄와 싸워서 이겨야 합니다. 예수님은 죄와 싸워 이기신 분입니다. 예수님의 능력으로 죄를 끊어내고 죄를 멀리해야 합니다.

 2) 철저한 회개는 다시 일으킴을 얻게 합니다.
 사울의 문제는 회개하지 않은 것입니다. 죄의 무게가 무거워질수록 회개는 점점 더 어렵습니다. 즉시 작은 것 하나라도 회개 하고 씻어내야 합니다. 하나님의 진노는 죄를 회개하지 않은 곳에 쏟아집니다.

 3) 하나님께 집중하십시오!
 하나님 외에 그 어떤 유혹도 단호하게 뿌리쳐야 합니다. 우리 주변에는 사탄의 현란한 유혹들이 넘쳐나고 있습니다.
 하나님에게서 멀어지면 누구라도 사탄의 표적이 됩니다.

사울의 경고를 잊지 마십시오!
 하나님께 집중하는 것은 모든 것을 하나님과 함께 하는 것입니다. 그분과 상의하고, 뜻을 구하고, 인도하심을 받으십시오. 모든 지각에 뛰어나신 예수님께서 우리의 마음과 생각을 지켜주실 것입니다.

청중 결단

지금 나의 삶을 진단해 보십시오.

오늘 내 모습에도 사울의 모습이 있다면 당장 뿌리째 뽑아야 합니다. 하나님께 묻지 아니하고 내 마음대로 결정하고 행동하는 신앙을 바로 세우십시오!

하나님께 묻는 것은,
1) 하나님이 원하시는 것이 무엇인지 살피는 것입니다.
2) 그분이 원하시는 것이라면 어떤 상황에서도 믿음으로 행동해야 합니다.
3) 24시간 하나님의 임재와 인도하심을 놓치지 않기 위해서 그분에게 집중하는 것입니다.

모든 것을 하나님께 물으십시오!
하나님께 묻는 것은 하나님과 모든 것을 함께하는 신앙입니다.
1) 내 욕심이나 생각을 앞세우지 마십시오.
2) 먼저 하나님께서 원하시는 것인지 살피십시오.
3) 하나님께서 원하시는 것이면 어떤 상황에서도 믿음으로 행동하십시오.
4) 지금 하나님께 묻지 않고 행동하는 것이 있다면 당장 멈추어야 합니다.
5) 하나님과 함께하는 자는 반드시 그와 그 자손이 복을 누립니다.

20
Meet God

나를 향하신 하나님의 계획이 있습니다. 지금 눈에 보이는 것 때문에 좌절하거나 으스대지 마십시오. 지금은 하나님의 시간이 진행되는 과정입니다. 나를 향하신 하나님의 계획을 믿을 때 기다릴 수 있습니다. 믿음의 사람들만이 내일의 사람이 될 수 있습니다.

기다림

대상 11:1-3

핵심관점 다윗(왕)

사울 왕과 그의 아들들의 죽음은 온 백성들을 충격과 혼란에 빠뜨렸습니다. 졸지에 백성들은 지도자 모두를 한꺼번에 잃어버렸기 때문입니다.

점차 안정을 찾기 위해 노력하던 중 온 이스라엘이 헤브론에 모였습니다. 이들이 헤브론에 모인 이유는 이스라엘을 이끌어갈 지도자, 왕을 세우기 위해서였습니다.

이들은 헤브론에 모여 다윗에게 집중했습니다. 그냥 자연스런 결과라고 생각하면 아무 문제 없는듯하지만 의문스러운 부분이 있습니다.

설교를 이끄는 관점

2절을 보면 이스라엘 백성들이 다윗을 향하여 한목소리를 냅니다.

"전에 곧 사울이 왕이 되었을 때에도 이스라엘을 거느리고 출입하게 한 자가 왕이시었고 왕의 하나님 여호와께서도 왕에게 말씀하시기를 네가 내 백성 이스라엘의 목자가 되며 내 백성 이스라엘의 주권자가 되리라 하셨나이다 하니라"

이들은 다윗이 사울 왕이 있을 때부터 백성들을 이끌던 지도자였다고 합니다. 그리고 여호와께서도 다윗이 이스라엘의 주권자가 되리라고 말씀하셨다는 이야기도 꺼냅니다. 이들 모두가 한목소리로 다윗을 왕이라고 부릅니다.

지금 헤브론에 모여 있는 사람들은 일방적으로 다윗을 왕으로 세우려고 합니다. 백성들 중에는 이번 기회에 자신이 왕이 되려고 생각한 사람이 있었을 것입니다. 헤브론에 모인 이들의 다윗을 향한 일방적인 모습은 왕이 되고 싶은 생각을 가진 다른 사람의 기회나 권리를 빼앗고 무시하는 행위입니다.

* 꼭 다윗만 왕이 되어야 한다는 원칙이라도 있습니까?
* 다윗이 아닌 다른 사람은 왕이 되면 안 됩니까?
* 왜 이들은 다윗을 왕이라 부르며 일방적으로 다윗만을 고집하고 있습니까?

이런 이들의 모습을 보면서 자신이 왕이 되려고 했던 사람들은 어떻게 생각했겠습니까?

지금 이들은 군중의 힘에 휩쓸려 어리석게 행동하는 것은 아닐까요?

하나님의 목적으로 해결

이들이 이런 행동을 하는 것은 분명한 이유가 있습니다.

지금 이들이 다윗에게 주목하는 이유는, 사울 왕과 그의 아들들의 죽음을 다윗을 왕으로 세우시려는 하나님의 계획으로 받아들였기 때문입니다.

하나님께서도 이 순간 다윗을 왕으로 세우시기 위해서 15년의 시간을 기다리셨습니다. 처음 사무엘을 통하여 다윗에게 기름부음을 행하셨을 때 그의 나이는 15세였습니다. 그리고 지금 헤브론에서 다윗이 이스라엘의 왕으로 공적 기름부음을 받습니다. 지금 그의 나이는 30세입니다.

다윗 또한 처음 왕으로 기름부음을 받는 순간부터 지금까지 한결같은 마음으로 하나님께서 자신을 드러내실 때까지, 자신을 왕으로 세우실 때까지 겸손하게 오랜 시간을 기다렸습니다.

* 온 이스라엘 백성들이 한마음이 되어 다윗을 왕으로 세우는 일에 이견이 없었던 것은 하나님의 시간표를 기다린 결과였습니다.

1. 그들은 한 마음으로 다윗을 왕으로 인정하고 높였습니다(2절).

그들의 입에서 자연스럽게 왕이라고 부르는 것은 이들 모두가 한 마음으로 다윗을 높이고 따르겠다는 의지를 표현한 것입니다.

2. 이스라엘의 모든 장로들이 백성들을 대표하여 다윗에게 나아가 왕에 대한 예를 갖추고 이스라엘의 왕으로 받아들였습니다(3절).

이는 백성들 편에서 공식적으로 다윗을 왕으로 받아들이는 것이고, 그 권위에 따를 것을 언약한 행위입니다.

3. 다윗도 하나님과 백성들 앞에서 언약 맺고 기름부음을 받음으로 왕으로서의 공적 출발을 했습니다(3절).

다윗은 하나님께 언약했습니다. 자신을 세우신 하나님의 목적을 이루어드리겠다는 서약을 했습니다. 그리고 백성들에게도 왕으로서 책임을 다할 것을 언약했습니다.

4. 이 모든 일은 우연이 아니었습니다(삼상 16:1-13).

하나님께서 사무엘을 통하여 말씀하신 것이 오랜 기다림을 통하여 이루어진 결과였습니다.

* 다윗은 기다림의 사람이었습니다.

다윗은 자신에게 주어진 것보다 하나님께서 주시는 것에 더 관심을 가진 자였습니다.

다윗의 오랜 기다림은 주변 사람들에게는 이상한 일처럼 보였지만 그는 끝까지 하나님의 시간표를 기다림으로 순적(順適, 고르고 순조롭다)한 복을 누렸습니다.

관점으로 청중 적용

사랑하는 여러분!
1. 지금 나는 어떤 시간을 지나가고 있습니까?
다윗을 보면서 무슨 생각을 했습니까?

* 만일 내가 하나님께로부터 15년 전에 기름부음을 받았다면 나는 어떤 자세로 15년을 살았을까요?
* 지금 내가 살아가는 시간들은 다윗이 살아온 시간과 어떻게 다릅니까?
* 지금 내 주변 사람들은 나를 향하여 어떤 생각을 가지고 있을지 생각해 보신 적이 있습니까?
* 나는 기다림의 사람입니까? 그렇지 않다면 나는 어떤 모습으로 살고 있습니까?

2. 기다림의 사람에게는 하나님의 시간이 준비되어 있습니다.
세상에는 우연이란 있을 수 없습니다. 예수님은 들에 피어난 들풀 한 포기까지도 돌보고 간섭하시는 하나님이심을 말씀하셨습니다.

1) 나를 향하신 하나님의 계획이 있습니다.
지금 눈에 보이는 것 때문에 좌절하거나 으스대지 마십시오. 지금은 하나님의 시간이 진행되는 과정입니다. 나를 향하신 하나님의 계획을 믿으십시오! 믿음의 사람은 기다림의 사람입니다. 믿음의 사람들만이 내일의 사람이 될 수 있습니다.

2) 주변 사람들의 인정을 받으십시오!
주변 사람들에게 내가 하나님의 사람인 것을 인정받아야 합니다. 주변 사람들에게 외면당하면 하나님의 시간은 길어질 수밖에 없습니다. 신자와 불신자 모두에게 내가 하나님의 사람으로 인정받아야 합니다.

3) 지금도 하나님의 사람들을 주목하시는 하나님의 기다림은 계속되고 있습니다. 하나님의 기다림은 그리 오래 걸리지 않습니다.
하나님은 기다림의 사람을 절대로 놓치지 않으십니다.

청중 결단

자신의 정체성을 잃지 마십시오!
나는 내일을 위한 사람입니다.

* 오늘 성실하게 준비된 자의 삶을 사십시오.
* 내일을 꿈꾸십시오. 반드시 내가 서야 할 곳이 있습니다.
* 하나님께서 나를 주목하심을 잊지 맙시다.

쓰임 받읍시다. 크게 쓰임 받읍시다.

21
Meet God

요압은 다윗의 이 방법에 무조건 따름으로 그를 향한 충성심을 보였습니다. 요압의 지혜와 방법으로 여부스 족속을 물리친 것이 아니라 다윗의 방법대로, 지시대로 충성한 것뿐입니다. 진정한 충성은 주인의 방법을 무조건 따르는 것입니다.

충성
대상 11:4-9

핵심관점 요압

　헤브론에서 이스라엘 왕으로 추대된 다윗은 여부스 족속이 살고 있던 시온 산성을 빼앗아 그 왕국을 견고히 하려고 했습니다. 하지만 여부스 족속이 거세게 항의하며 맞섰습니다. 그들은 다윗을 조롱하며 비웃었습니다.
　5절과 삼하 5:6절을 보십시오.

"그 사람들이 다윗에게 이르되 네가 결코 이리로 들어오지 못하리라 맹인과 다리 저는 자라도 너를 물리치리라"

　다윗의 입장에서 얼마나 기가 막힌 일입니까? 여부스 족속의 힘이 얼마나 강한지는 모르지만 다윗과 그의 용사들은 분노할 수밖에 없는 일입니다.

이에 다윗은 6절에 "먼저 여부스 사람을 치는 자는 우두머리와 지휘관으로 삼으리라"고 상급을 걸고 다윗의 용사들을 자극했습니다.

이때 가장 먼저 앞장선 자가 스루야의 아들 요압입니다.

설교를 이끄는 관점

과연 요압의 힘으로 여부스 족속을 감당할 수 있을까요?

여부스 족속이 지키는 예루살렘 성은 절대 만만한 곳이 아닙니다. 해발 762m에 있는 난공불락의 요새입니다. 여호수아 때도 함락시키지 못한 막강한 곳입니다. 앗수르의 18만 대군으로도 함락시키지 못했습니다. 사람들이 이곳을 '장수들의 묘지'라고 부를 만큼 수많은 장수들이 목숨을 잃은 곳입니다.

이런 지형적 강점을 알기에 여부스 사람들은 "네가 이리로 들어오지 못하리라"고 큰소리치며 조롱했습니다.

그런데 요압은 어찌 이런 성을 함락시키겠다고 앞장선 것일까요?

따지고 보면 다윗도 엄두가 나지 않았기에 우두머리와 지휘관 자리를 내걸고 자신은 한 발 뒤로 물러선 것이 아닙니까!

* 어떻게 요압은 여부스 족속의 산성, 난공불락의 요새를 함락시키려는 것입니까?

* 이런 요압을 지켜보던 사람들은 요압의 행동을 무모한 짓이라고 만류했을 것입니다. 요압의 목숨만 잃을 뿐 성공할 수 없다는 것을 너무도 잘 알고 있었기 때문입니다.
* 요압은 여부스 족속을 함락시킬 수 있는 특별한 비결이라도 있는 것일까요?

하나님의 목적으로 해결

결과부터 말하면 요압은 여부스 족속의 산성을 함락시키고 다윗의 군대장관으로 최고의 지휘관이 되는 영예를 얻었습니다. 그는 다윗 군대의 최고 우두머리가 되었습니다.

그렇다면 요압은 어떻게 난공불락의 요새를 뚫을 수 있었을까요? 그의 승리 비결은 한마디로 다윗의 명령에 목숨 걸고 충성한 결과였습니다.

삼하 5:8절 "그 날에 다윗이 이르기를 누구든지 여부스 사람을 치거든 물 긷는 데로 올라가서 다윗의 마음에 미워하는 다리 저는 사람과 맹인을 치라"

헤브론에서 다윗은 어떻게 하면 여부스 족속의 산성을 빼앗을 것인가를 오랜 시간 고민했습니다. 드디어 다윗은 여부스 족속을 칠 수 있는 방법을 깨달았습니다. 그리고 그 방법을 공개적으로 알리며 여부스 족속을 치라고 했습니다.
하지만 아무도 다윗의 말대로 따르려 하지 않았습니다. 다윗의 방법이 승리할 수 있다는 보장이 없었기 때문입니다. 하지만 충성의 사람 요압은 달랐습니다.

1. 요압은 무조건 다윗의 방법대로만 따랐습니다.

여부스 족속의 산성 곧 예루살렘은 큰 바위에 놓여 있었습니다. 그래서 자체적으로 물이 나오지 않았습니다. 그런데 예루살렘 양쪽 계곡과 골짜기가 만나는 곳에서 물이 흘러나와 저수지가 만들어졌습니다. 그곳이 기혼샘입니다.

예루살렘 사람들은 이 저수지의 물을 공급 받기 위해 물을 퍼 올릴 수 있는 수구를 만들었습니다. 다윗은 이 수구가 바로 예루살렘의 허점임을 간파하고 누구든지 이 수구를 통하여 예루살렘에 들어가서 성문을 열면 된다고 방법을 가르쳐 주었습니다.

요압은 다윗의 이 방법에 무조건 따름으로 그를 향한 충성심을 보였습니다. 요압의 지혜와 방법으로 여부스 족속을 물리친 것이 아니라 다윗의 방법대로, 지시대로 충성한 것뿐입니다. 진정한 충성은 주인의 방법을 무조건 따르는 것입니다.

2. 요압의 충성은 다윗의 불편한 마음을 풀어주기 위한 것이었습니다.

여부스 족속의 조롱과 비웃음은 다윗의 마음을 여간 불편하게 한 것이 아니었습니다. 다윗은 여부스 족속의 조롱을 마음에서 쉽게 떨쳐 버리지 못하고 매우 불쾌하게 여겼습니다.

"다윗의 마음에 미워하는 다리 저는 사람과 맹인을 치라 하였으므로"

이 말이 사람들에게 널리 퍼져 속담이 되어 쓰일 만큼 다윗의 심기가 편치 않았습니다. 요압은 이런 다윗 왕의 불편한 심기를 알고 다윗을 위하여 목숨 건 충성심으로 여부스 족속을 친 것입니다.

3. 요압은 제일 먼저 충성함으로 자신의 앞길을 여는 기회로 삼았습니다(6절).

요압은 다윗이 제안한 "우두머리와 지휘관을 삼으리라"는 말이 자신의 내일을 열 수 있는 기회로 들렸습니다. 복 받을 소리로 들렸습니다.

그는 누구보다 먼저 여부스 족속을 치러 움직였습니다. 다른 사람에게 여부스 족속은 두려움의 대상이었지만 요압에게는 출세의 기회가 되었습니다.

4. 요압은 다윗에게 충성함으로 다윗과 함께하시며 복 주시려는 하나님의 복을 거져 받았습니다(9절).

요압이 복을 받은 것은 순전히 다윗 때문입니다. 다윗 곁에 있었기에, 다윗의 말에 충성하였기에 복을 받은 것입니다. 하나님은 요압이 다윗에게 충성했기에 다윗을 위하여 요압에게 복을 주셨습니다.

관점으로 청중 적용

사랑하는 여러분!

1. 우리에게는 충성하는 사람에 대한 잘못된 시각이 있습니다.
* 왜 저렇게 집착하느냐고 합니다.
* 저렇게 하지 않으면 큰일이라도 일어나느냐고 비웃습니다.
* 심한 경우 충성스런 사람을 광신도나 특이한 사람 취급합니다.

여러분은 요압처럼 충성하는 사람을 어떻게 생각하십니까?
* 우두머리, 출세에 눈이 먼 자로 여기지는 않습니까?
* 충성을 집착이나 아부로 변질시키는 잘못된 생각을 가지지는 않았습니까?

"지독한 사람이다. 그러니까 저런 자리를 얻어내지!"
이런 반감을 가지고 왕따시킨 적은 없습니까?
충성에 대한 잘못된 생각을 버려야 합니다.

2. 충성의 사람은 반드시 복을 받습니다.
충성은 자신에게 부여된 일의 과정과 결과를 보여주는 것입니다.
충성은 과정도 결과도 한결같아야 합니다.

1) 충성의 대상이 중요합니다.
다윗에게 충성한 것은 하나님께 충성한 것입니다. 다윗은 하나님께 충성하는 자였기 때문입니다. 충성의 대상이 잘못 되면 충성의 결과도 달라질 수 있습니다.

* 충성의 대상은 내 앞에 놓인 질서입니다.
하나님은 질서의 하나님이십니다.

질서에 충성하는 과정을 눈여겨보십시오.
2) 충성은 복 받을 기회입니다.
충성하는 자마다 복을 놓친 자가 없습니다.
하나님은 목숨 건 충성의 사람들에게 상급을 약속하셨습니다.
충성할 기회를 놓치는 것은 복 받을 기회를 놓치는 어리석은 일입니다.
지금 충성의 기회를 붙잡고 복을 누리는 자가 되기를 바랍니다.
충성 없이 복을 기대하는 자는 하나님의 사람이 아닙니다.
충성은 목숨을 건 행동입니다.

3) 지금도 하나님은 내가 충성하는지를 눈여겨보십시오.
나의 충성을 통하여 어떤 복을 누릴지를 눈여겨보십시오.
하나님은 충성의 결과를 잊으신 적이 없습니다.
지금도 하나님은 충성의 사람들에게 복을 쏟아 부어주고 계십니다.

청중 결단

남들이 쉽게 하지 않는 충성을 하십시오!
큰 복을 받을 큰 충성을 하십시오!
충성은 자리를 지키는 것입니다.
내가 있어야 할 자리, 그 자리에 서있는 것이 충성입니다.
내 자리를 비워두고 다른 사람의 자리에 서있는 것은 월권입니다.
여기서 충성의 사람들이 힘들어합니다.
충성하는 자가 받을 복을 놓치지 마십시오!

22. 예수님의 감사 1

23. 예수님의 감사 2

24. 예수님의 감사 3

25. 예수님의 감사 4

하나님을 만나다

5
예수님의 감사

Meet God

22
Meet God

내 생각으로, 내 기준으로 신앙생활 하는 것은 예수님의 감사에서 벗어난 모습입니다. 예수님께서 우리 교회와 나를 향하여 감사의 복을 내리실 수 있도록 지금이라도 돌아보아야 합니다.

예수님의 감사 1

눅 10:21-24

핵심관점 감사

예수님께서는 이 땅에 계시는 동안 여러 모습을 보여주셨습니다.

21절 "그 때에 예수께서 성령으로 기뻐하시며 이르시되 천지의 주재이신 아버지여 이것을 지혜롭고 슬기 있는 자들에게는 숨기시고 어린 아이들에게는 나타내심을 감사하나이다 옳소이다 이렇게 된 것이 아버지의 뜻이니이다"

이 말씀의 핵심은 예수님의 감사입니다.

"이것을 지혜롭고 슬기 있는 자들에게는 숨기시고 어린 아이들에게는 나타내심을 감사하나이다"

예수님의 감사는 두 가지였습니다.

하나는, 이것을 지혜롭고 슬기 있는 자들에게는 숨기시신 것을 감사하셨고, 또 하나는 어린 아이들에게는 나타내심을 감사하셨습니다.

설교를 이끄는 관점

예수님의 말씀이 앞뒤가 바뀐 것 같은 생각이 들지 않습니까?

이것을 지혜롭고 슬기 있는 자들이 알지 못한 것이 어떻게 감사할 내용입니까?

지혜롭고 슬기 있는 자들이 예수님이 말씀하시는 그것을 깨닫지 못했다면 오히려 책망할 일이고 그들을 데려다가 깨닫도록 해야 할 입니다. 그런데 이것이 어째서 감사할 일입니까?

또 하나, 어린아이들에게 나타내심을 감사했습니다.

여기서 말하는 어린아이는 지혜롭고 슬기 있는 자와 정반대되는 대상입니다. 한마디로 연약하고 단순하고 철없는 자들일 수도 있습니다. 이들에게 알려진 것이 무슨 감사가 되는지 쉽게 납득하기 어려운 부분입니다.

그리고 한 말씀 더, "옳소이다 이렇게 된 것이 아버지의 뜻이니이다"라고 하셨습니다. 지혜로운 자와 슬기 있는 자들이 제외되고 어린아이 같은 자들에게 나타난 것이 아버지의 뜻이라는 말은 또 무슨 의미입니까?

예수님께서 이것을 숨기시고, 나타내심을 감사하셨습니다.

예수님께서 감사하시는 "이것은" 무엇입니까?

하나님의 목적으로 해결

21절을 보면 예수님께서 아주 기쁜 마음으로 감사하셨음을 알게 됩니다.

"그 때에 예수께서 성령으로 기뻐하시며 이르시되"

여기서 말하는 그 때는 17-20절의 결과를 기뻐하신 것입니다.

"칠십 인이 기뻐하며 돌아와 이르되 주여 주의 이름이면 귀신들도 우리에게 항복하더이다 예수께서 이르시되 사탄이 하늘로부터 번개 같이 떨어지는 것을 내가 보았노라 내가 너희에게 뱀과 전갈을 밟으며 원수의 모든 능력을 제어할 권능을 주었으니 너희를 해칠 자가 결코 없으리라 그러나 귀신들이 너희에게 항복하는 것으로 기뻐하지 말고 너희 이름이 하늘에 기록된 것으로 기뻐하라 하시니라"

파송된 전도 대원들이 돌아와서 그들의 보고를 받으신 후에 기쁨으로 이런 감사를 하셨습니다.

그렇다면 여기서 말하는 지혜롭고 슬기 있는 자와 어린아이는 누구입니까?

1. 지혜롭고 슬기 있는 자.
당시 율법의 대단한 지식을 가진 자로서 지혜롭고 슬기 있게 하나님의 말씀을 가르친다는 종교 지도자들입니다. 이들은 자신들이 가진 율법으로 하나님에 대한 모든 것을 알고 있다고 자부하던 자들입니다.

하지만 그들은 율법에 약속된 예수님을 눈으로 보면서도 보지 못하는 자들이었습니다. 이들은 자칭 지혜롭고 슬기 있는 자들이었으나 예수님의 눈에는 미련하고 어리석은 자들입니다.

2. 어린아이들.

예수님을 전적으로 믿고 따르는 자들입니다. 마치 어린아이가 아비나 어미의 말을 의심하지 않고 믿고 따르는 것처럼 예수님을 따르는 자들입니다.

그래서 예수님께서 시키는 대로 나가서 복음을 전하여 하나님의 나라를 확장하는 일에 앞장선 자들입니다.

이 어린아이 같은 자들은,
* 예수님이 누구신가를 바로 아는 자들입니다.
* 예수님이 원하시는 것을 행하는 자들입니다.
* 예수님을 전하고 열매가 있는 자들입니다.
* 예수님을 볼 수 있는 복된 자들입니다.
* 특별한 하나님의 은총을 받은 자들입니다.

예수님은 이런 어린아이 같은 자들이 예수님을 믿고 따르며 하나님의 나라를 확장하는 일에 열매 맺은 것을 기뻐하시며 감사하셨습니다.

관점으로 청중 적용

사랑하는 여러분!
1. 우리를 보시고 예수님께서 기뻐하시며 감사할 수 있는지를 돌아볼 시간입니다.
지난 시간들을 돌아보면서 우리교회와 나의 신앙생활을 예수님께서 점검하신다면 과연 우리 교회와 나를 향해서도 예수님께서 이렇게 감사하실 수 있겠습니까?

우리 중에도 지혜롭고 슬기 있는 자에게 하신 것처럼, 예수님께서 숨기셔서 아무런 감사를 찾을 수 없는 모습은 없는지 돌아보아야 하지 않겠습니까?

내 생각으로, 내 기준으로 신앙생활 하는 것은 예수님의 감사에서 벗어난 모습입니다. 예수님께서 우리 교회와 나를 향하여 감사의 복을 내리실 수 있도록 지금이라도 돌아보아야 합니다.

* 나는 어린아이처럼 예수님의 말씀대로 믿고 따릅니까?
* 우리 교회는 어린아이처럼 복음을 전하고 열매를 맺습니까?
* 예수님은 우리의 어떤 모습을 보시고 계실까요?

2. 우리도 예수님께서 내리시는 감사의 복을 받아야 합니다.
이제라도 늦지 않았습니다. 예수님께 감사의 복을 받을 준비를 하면 됩니다.
1) 움직여야 합니다.

마치 어린아이처럼 예수님의 말씀대로 나가라면 나가고, 들어오라면 들어오는 자에게 감사의 복을 내리십니다. 다 알고 있다고 움직이지 않는 자는 지혜로운 자 같으나 예수님의 눈에 미련하고 어리석은 자입니다.

2) 예수님을 미소 짓게 해드려 봅시다.
예수님께서 기뻐하시는 것은 어린아이처럼 복음의 열정을 갖는 것입니다. 복음의 열매를 맺고 기뻐하는 제자들을 보신 예수께서 흐뭇한 미소를 지으셨듯이 오늘 우리 교회, 나를 통해서도 이런 미소를 짓게 해드립시다.

3) 예수님은 어린아이 같은 자들이 우리교회에 돌아올 때 기뻐하시며 감사의 복을 내리십니다.
우리 교회를 통하여 하늘에 이름이 기록되는 자들이 많을 때 기뻐하시고, 또 기뻐하십니다. 감사하시고, 또 감사하십니다.

청중 결단

예수님을 웃게 해드리는 것이 교회의 본질입니다.
예수님을 웃게 해드려야 우리 교회와 내가 예수님의 감사 대상 즉 축복의 대상이 됩니다.
이번 기회에 예수님을 웃게 해드릴 열매를 맺어봅시다. 하늘에 이름이 기록될 영혼들을 찾아서 예수님의 품에 안겨드려 예수님은 웃고, 우리는 복을 받는 기쁨의 교회와 성도들이 됩시다!

23
Meet God

떡을 축사하신 것이 아닙니다. 예수님을 따르는 무리들을 축사하신 것입니다. 떡이 아니라 예수님의 특별한 떡을 먹을 자들을 축사하신 것입니다.

예수님의 감사 2

요 6:1-6

핵심관점 **축사(감사)**

　예수님을 따르던 자들에게는 신기하고 놀라운 일들이 계속되었습니다. 그날도 예수님께서 디베랴의 갈릴리 바다 건너편으로 가시매 큰 무리가 따라왔습니다. 때마침 유대인의 명절이 가까운 시기라서 평소보다 더 많은 자들이 예수님께로 나아왔습니다.

　5절 "예수께서 눈을 들어 큰 무리가 자기에게로 오는 것을 보시고 빌립에게 이르시되 우리가 어디서 떡을 사서 이 사람들을 먹이겠느냐 하시니"

　시간이 지나면서 예수님은 이 많은 무리들이 시장할까를 걱정하시면서 빌립에게 이 사람들을 먹일 떡을 어디서 구할 수 있는가를 물으셨습니다. 하지만 빌립의 대답은 전혀 해결할 길이 없다고 했습니다.

7절 "빌립이 대답하되 각 사람으로 조금씩 받게 할지라도 이백 데나리온의 떡이 부족하리이다"

이백 데나리온 어치의 떡을 가져도 부족하다는 불가능한 답을 합니다. 맞는 말입니다.

당장 이백 데나리온이라는 돈도 없지만, 설사 그런 돈이 있다 할지라도 한 번에 이 많은 사람들을 먹일 수 있는 떡을 구하는 것도 어렵다는 현실적인 대답입니다.

그때 시몬 베드로의 형제 안드레가 뜻밖의 이야기를 합니다.

9절 "여기 한 아이가 있어 보리떡 다섯 개와 물고기 두 마리를 가지고 있나이다 그러나 그것이 이 많은 사람에게 얼마나 되겠사옵나이까"

한 어린아이가 도시락으로 챙겨온 물고기 두 마리와 보리떡 다섯 개를 예수님께 내밀면서 고작 이정도의 것으로는 아무것도 할 수 없다는 말을 합니다.

아무리 생각해도 이건 너무나 보잘것없는 현실입니다. 이것으로 무엇을 할 수 있겠습니까? 차라리 각자 해결하도록 돌려보내거나 좀 참았다가 집에 가서 해결하도록 하는 것이 옳은 방법입니다.

그런데 예수님께서 이런 지시를 하셨습니다.

10절 "예수께서 이르시되 이 사람들로 앉게 하라 하시니 그 곳에 잔디가 많은 지라 사람들이 앉으니 수가 오천 명쯤 되더라"

사람들을 조금씩 나누어서 자리에 앉게 하라 하셨습니다. 그러자 그 자리에 모인 사람들의 숫자가 파악되었습니다. 그 숫자는 자그마치 남자만 오천 명이나 되었습니다.

이 많은 사람들을 먹일 수 있는 방법은 현실적으로 불가능합니다. 그 지역에 있는 모든 떡을 다 수거해도 해결할 수 없는 일입니다.

설교를 이끄는 관점

사람들을 자리에 앉게 한 후 예수님은 조금 전 안드레가 가져온 어린아이의 도시락을 손에 잡으시고 모든 자들이 지켜보는 가운데 기적을 행하셨습니다.

11절 "예수께서 떡을 가져 축사하신 후에 앉아 있는 자들에게 나눠 주시고 물고기도 그렇게 그들의 원대로 주시니라"

예수님께서 떡을 가지시고 축사하셨습니다. 여기서 축사란, 축복하며 감사하셨다는 뜻입니다. 쉽게 말하면 우리가 식사기도를 하는 것처럼 감사하셨습니다.

떡이 턱없이 모자란 이 상황에 예수님 혼자서 떡을 들고 감사하는 모습을 본 사람들은 어떤 생각을 했을까요? 필경 예수님 혼자서 식사하시려고 기도한다고 생각했을 것입니다.

그런데 놀라운 일이 벌어지고 있었습니다.

"앉아 있는 자들에게 나눠 주시고 물고기도 그렇게 그들의 원대로 주시니라"

예수님께서 축사하신 그 도시락은 거기에 모인 오천 명을 다 먹이고 남을 만큼 풍성한 떡과 물고기로 제공되었습니다. 거기 모인 자들이 원하는 만큼 충분히 먹고 남은 조각이 열두 바구니에 가득하게 담겨지는 기적이 일어났습니다.

12-13절 "그들이 배부른 후에 예수께서 제자들에게 이르시되 남은 조각을 거두고 버리는 것이 없게 하라 하시므로 이에 거두니 보리떡 다섯 개로 먹고 남은 조각이 열두 바구니에 찼더라"

예수님 곁에서 눈을 똑바로 뜨고 지켜보던 제자들도 믿을 수 없는 상황이었습니다. 이 성경을 기록한 요한도 그 자리에 있었지만 그 일이 어떻게 된 것인가를 자세히 설명하지 못하고 있습니다.

"축사하시고 나누어 주셨다"는 말 외에는 아무런 말을 하지 못하고 있습니다. 예수님의 축사 이후에 일어난 기적을 인간의 언어로 표현할 수 없었기 때문입니다.
단지 축사를 하셨을 뿐인데 눈으로 보면서도 설명할 수 없는 일이 일어난 것입니다.

생각해 보십시오!
그 상황은 축복하고 감사할 상황이 아니었습니다. 모자란 상황이고, 배고픈 사람들로 인하여 시끌벅적한 문제에 놓여있던 상황이었습니다. 이 상황을 예수님께서 감사로 해결하셨습니다.

여러분은 이 상황을 어떻게 받아들이겠습니까?

하나님의 목적으로 해결

그렇다면 그 시간 예수님께서 보여주신 축사, 감사의 의미는 무엇일까요?

배고픔도 마다하지 않고 예수님을 따르는 큰 무리를 향한 예수님의 축복 선언입니다. 예수님을 따르는 자들을 책임져 주신다는 특별한 선언입니다. 예수님의 감사는 그들이 원하는 대로 풍성하게 먹이시는 것입니다.

예수님의 축사는 누구에게나 넘치도록 풍성한 결과를 주셨습니다.

떡을 축사하신 것이 아닙니다. 예수님을 따르는 무리들을 축사하신 것입니다. 떡이 아니라 예수님의 특별한 떡을 먹을 자들을 축사하신 것입니다.

1. 예수님은 당신을 따르는 자들의 숫자나 형편을 전혀 문제 삼지 않으셨습니다.

빌립에게 어떻게 이들을 먹일 것인가를 질문을 하신 것은 예수님에 대한 제자들의 신앙을 점검하신 것입니다. 이들을 먹일 걱정과 염려 때문에 던지신 질문이 아닙니다.

2. 예수님께서는 당신을 따르는 자들을 끝까지 책임져 주셨습니다.

예수님을 따르는 자들이 배고프고, 목마르고, 지치지 않도록 어떤 상황에서도 책임져 주시는 예수님을 모두에게 보여주셨습니다.

3. 예수님께서 버리는 것이 없게 하라고 하셨습니다.

예수님께 받은 복은 낭비되는 것이 없어야 합니다. 풍성함과 낭비는 구분이 되어야 더 큰 복을 누릴 수 있습니다.

관점으로 청중 적용

사랑하는 여러분!

1. 지금까지 내가 먹고 마시며 살아온 날들이 누구 때문이라고 생각했습니까?

우리는 내가 직장에 잘 다니고, 장사를 잘하고, 열심히 노력해서 얻은 결과라고 생각합니다.

맞습니다. 전혀 틀린 생각은 아닙니다. 오병이어의 현장에도 도시락을 내놓은 헌신이 있었습니다.

그렇다면 정말 내 노력과 열심히 살아온 결과만 있다면 앞으로 다가올 어떤 문제도 해결할 수 있습니까?

돌아보십시오! 그동안 내 노력만으로 가능한 삶을 살아왔습니까?

모든 것이 자신의 결과라고 여기는 사람들의 공통점이 있습니다.

* 이런 생각을 가진 사람들은 감사가 부족합니다.

감사보다 자신의 처지에 따라서 신앙과 감정이 파도를 치듯이 굴곡이 심합니다. 있을 때는 맑음이지만 조금이라도 자신에게 불편한 일이 생기면 금세 흐리고 천둥이 칩니다.

* 이런 생각을 가진 사람들은 모든 것이 내 것이라고 움켜쥐고 살아갑니다. 자신의 노력의 결과이기에 오직 자기의 것만을 지키기 위해서 안간힘을 씁니다.

* 이런 사람들은 주변을 돌아보거나 나누려는 생각이 전혀 없습니다. 자신 외에는 부모나, 형제, 이웃의 어려움은 안중에도 없습니다.

* 성경에도 이런 사람이 종종 등장합니다.

마 19: 21-22절 "예수께서 이르시되 네가 온전하고자 할진대 가서 네 소유를 팔아 가난한 자들에게 주라 그리하면 하늘에서 보화가 네게 있으리라 그리고 와서 나를 따르라 하시니 그 청년이 재물이 많으므로 이 말씀을 듣고 근심하며 가니라"

자신의 것을 나누라는 예수님의 말씀에 시험에 빠져서 돌아간 이 청년의 모습을 우리는 기억해야 합니다.

2. 예수님은 당신을 따르는 모든 자들을 축사하십니다.

예수님을 따르는 모든 자들에게 감사로 그들의 부족과 궁핍을 채워주십니다.

1) 내가 누리는 모든 것이 예수님의 축사의 결과임을 인정하십시오.

나를 향하신 예수님의 감사와 축복이 오늘 나의 모든 것을 누리게 하셨음에 대한 믿음을 가져야 합니다.

내가 주를 따르는 삶을 살기에 그 복을 내리신 것입니다.

그러므로 내가 누리는 모든 것은 예수님께로 온 것입니다.

예수님의 축사가 없었다면 지금 내 모습은 없습니다.

2) 감사하는 신앙을 가져야 합니다.

감사는 예수님의 공급과 채움을 받는 비결입니다. 감사는 주신 복을 귀중히 여기고 낭비하지 못하게 합니다.

감사는 현재와 내세에 더 큰 복을 누리게 합니다.

감사는 내 삶에 오병이어의 기적을 가져오는 비결입니다.

3) 예수님의 축사는 지금도 계속되고 있습니다.

우리가 필요한 모든 것을 공급하시기 위해서 지금도 예수님은 우리의 삶의 현장에 축사하고 계십니다.

청중 결단

여러분의 매일의 삶 속에서 오병이어의 기적을 놓치지 않기를 바랍니다.

감사하는 신앙을 통하여 여러분의 삶이 더욱 건강해지는 복을 받는 시간이 되기를 바랍니다.

 부족할수록 감사해야 기적이 터집니다!
 오천 명을 도시락 한 개의 헌신으로 채워 주셨음을 놓치지 말아야 합니다.

 있어야 감사하다는 생각을 버려야 오병이어의 기적이 일어납니다. 보잘것없는 것이라도 헌신하는 자만이 오병이어의 복을 누립니다.
 없을수록 감사합시다. 더 많은 것으로 채워야 할 이유가 있다면 먼저 감사하십시오!

 감사는 축사를!
 축사는 더 큰 감사와 기적을 낳습니다!

24
Meet God

예수님께서 무덤 앞에서 감사하신 이유는 분명합니다. "아버지께서 나를 보내신 것을 그들로 믿게 하려 함이니이다" 하는 것입니다. 예수님께서 이 땅에 오신 이유를 알게 할 수 있는 기회를 나사로를 통하여 주어졌기 때문에 감사하셨습니다.

예수님의 감사 3

요 11:36-44

핵심관점 **감사**

친구 나사로의 위독함을 들으신 예수님은 곧바로 그에게 가지 않으시고 이틀을 그곳에 더 머무셨습니다.

참 이상한 일입니다. 다른 사람도 아니고 친구의 위독함을 모른척 하시는 예수님의 모습은 누가 보아도 예사롭지 않았습니다(11:8).

이틀 후 예수님은 나사로가 있는 곳으로 가자고 하시면서 나사로의 죽음을 제자들에게 알리셨습니다.

14-15절 "이에 예수께서 밝히 이르시되 나사로가 죽었느니라 내가 거기 있지 아니한 것을 너희를 위하여 기뻐하노니 이는 너희로 믿게 하려 함이라 그러나 그에게로 가자 하시니"

이 말씀은 나사로의 죽음을 기쁨으로 여기며 이제 나사로에게 가자고 말씀하신 것입니다.

어찌 이런 말을 하실 수 있습니까?
친구가 고통을 호소하며 기다리다가 죽었습니다. 그런데 어떻게 그의 죽음을 기뻐할 수 있습니까? 슬픔을 당한 나사로의 가족들이 이 말을 들었다면 예수님에 대하여 얼마나 실망을 하겠습니까?

예수님께서 나사로가 살던 곳에 도착을 하셨을 때 나사로의 자매들은 예수님에 대한 섭섭한 심정을 드러냈습니다.

20-21절 "마르다는 예수께서 오신다는 말을 듣고 곧 나가 맞이하되 마리아는 집에 앉았더라 마르다가 예수께 여짜오되 주께서 여기 계셨더라면 내 오라버니가 죽지 아니하였겠나이다"

마리아는 예수님을 맞으러 나오지도 않았고, 마르다는 예수님께 서운한 감정을 털어놓았습니다. 이 말을 들으신 예수님은 나사로가 장사된 무덤으로 가셨습니다.

나사로의 무덤에 도착하신 예수님은 무덤을 막고 있던 돌을 옮겨 놓으라고 하십니다. 곁에서 듣고 있던 마르다는 깜짝 놀라서 죽은 지 나흘이나 된 오라비의 무덤을 여시려는 예수님을 가로막았습니다.

39절 "예수께서 이르시되 돌을 옮겨 놓으라 하시니 그 죽은 자의 누이 마르다가 이르되 주여 죽은 지가 나흘이 되었으매 벌써 냄새가 나나이다"

하지만 예수님은 돌을 옮겨 놓게 하셨고, 돌이 옮겨진 무덤 앞에서 이런 말씀을 하셨습니다.

41절 "돌을 옮겨 놓으니 예수께서 눈을 들어 우러러 보시고 이르시되 아버지여 내 말을 들으신 것을 감사하나이다"

나사로의 집으로 오시기 전 예수님은 그의 죽음을 기뻐하신다고 하시더니 이제 그의 무덤 앞에서는 감사의 기도를 드리셨습니다.

친구가 죽어 장사된 지 나흘이나 지나서 찾아오신 예수님께서 그의 무덤 앞에서 감사하다니, 어찌 친구의 죽음이 감사할 일입니까!

설교를 이끄는 관점

이 상황은 절대로 감사할 상항이 아닙니다.
아무리 예수님이시라도 이건 상황파악을 잘못하셨습니다. 친구의 죽음이 감사의 조건이라니 오라비를 잃은 나사로의 누이들이 이 상황을 어떻게 받아들이겠습니까?

감사하시려면 그를 죽게 버려두지 않았어야 합니다.
감사하시려면 좀 더 일찍 오셨어야 했습니다.
이미 죽은 지 나흘이나 지난 그의 무덤 앞에서의 감사는 다른 사람들을 불편하게 하는 일입니다.

왜 이런 상황에서 감사를 하시는 것입니까?

예수님의 감사는 어떤 의미를 담고 있습니까?

하나님의 목적으로 해결

예수님의 감사는 이유가 있는 감사입니다.

42절 "항상 내 말을 들으시는 줄을 내가 알았나이다 그러나 이 말씀 하옵는 것은 둘러선 무리를 위함이니 곧 아버지께서 나를 보내신 것을 그들로 믿게 하려 함이니이다"

예수님께서 무덤 앞에서 감사하신 이유는 분명합니다.

"아버지께서 나를 보내신 것을 그들로 믿게 하려 함이니이다"

예수님께서 이 땅에 오신 이유를 나사로를 통하여 알리실 수 있는 기회가 주어졌기 때문에 감사하셨습니다.

그래서 예수님은 돌이 옮겨진 나사로의 무덤을 향하여 평소 나사로를 부르시던 그대로 "이 말씀을 하시고 큰 소리로 나사로야 나오라 부르시니"(43절), 죽은 지 나흘이나 지난 나사로가 마치 잠에서 깨어난 사람처럼 걸어서 나왔습니다.

44절 "죽은 자가 수족을 베로 동인 채로 나오는데 그 얼굴은 수건에 싸였더라 예수께서 이르시되 풀어 놓아 다니게 하라 하시니라"

예수님은 사망에서 우리를 다시 살리시는 분입니다.
예수님은 사망권세를 정복하러 오신 분입니다.
예수님은 죽음을 이기는 유일한 분이십니다.

예수님의 감사는,

1. 예수님을 통하여 하나님의 영광이 나타날 것을 감사하셨습니다(41~42절).

아버지 하나님께서 예수님의 말씀대로 나사로를 살리심으로 예수님께서 하나님의 영광을 나타내실 것을 감사하셨습니다.

2. 나사로가 살아남으로 더 많은 자들이 예수님께 돌아올 것을 감사하셨습니다(42절).

나사로가 살아남으로 둘러선 무리들이 예수님을 믿게 될 것을 기뻐하시며 감사하셨습니다. 예수님을 믿는 것은 예수님의 기쁨이요, 감사입니다.

3. 친구 나사로가 살아남으로 다시 그와 함께하실 것을 감사하셨습니다(43~44절).

나사로를 다시 살리심으로 그와 함께하시려는 예수님의 심정이 "풀어놓아 다니게 하라"는 음성에 담겨 있었습니다.

친구 나사로의 부활은 예수님의 기쁨과 감사였습니다.

관점으로 청중 적용

사랑하는 여러분!
1. 죽음 자체는 분명히 감사의 조건이 아닙니다.

　죽음이 감사의 조건이라면, 죽음이 슬프거나, 고통스럽지 않아야 합니다. 하지만 어디 그렇습니까? 어떤 사람에게는 가족이나 주변 사람의 죽음이 커다란 충격이 됩니다. 그래서 사람들은 할 수 만 있다면 죽음을 피하려고 온갖 노력을 다합니다.

　* 지금 이 순간 지난 날 누군가의 죽음 앞에서 가졌던 감정을 떠올려 보십시오!
　예수님처럼 기쁨이 생기고, 감사가 나옵니까?
　아무에게도 죽음은 감사한 일이 될 수 없습니다. 감사보다는 아쉬움과 슬픔이 우리를 가득 채웁니다.

　* 죽음 앞에 감사할 수 있는 사람은 아주 특별한 신앙을 가졌거나 아주 이상한 사람 중 한 명입니다.
　죽임이 끝이라는 생각으로는 절대로 감사할 수 없습니다.

2. 다시 살 수 있기에 감사해야 합니다.
　예수님 때문에 다시 살 수 있는 길이 열렸음을 감사해야 합니다. 예수님은 나사로가 주 안에서 잠든 자이기에 감사하셨습니다.

　1) 예수님을 믿는 자는 죽어도 삽니다.
　예수님을 믿고 부활의 영광에 참여하십시오. 인생의 가장 큰 불행은 예수님 없이 죽는 것입니다. 그에게는 다시 살 수 있는 기회가 영원히 사라졌기 때문입니다.

예수님을 믿고 다시 사는 부활의 복을 누리십시오.

2) 죽음의 두려움을 몰아내십시오.

죽음은 부활에 이르는 과정일 뿐입니다. 영생의 장소에 들어가는 문을 여는 것입니다. 죽음을 통과하지 않는 자는 부활도 영생도 없습니다. 그러므로 죽음을 과정으로 여기는 신앙을 가져야 합니다. 예수님을 믿는 자, 부활 신앙을 가진 자는 죽음을 두려워하지 않습니다.

3) 영생의 기쁨이 있기에 감사해야 합니다.

25-26절을 같이 믿음으로 고백합시다.

"예수께서 이르시되 나는 부활이요 생명이니 나를 믿는 자는 죽어도 살겠고 무릇 살아서 나를 믿는 자는 영원히 죽지 아니하리니 이것을 네가 믿느냐"

예수님께서 지금 내게 물으십니다.
"이것을 네가 믿느냐?" 아멘이면 감사할 수 있습니다.
이보다 더 큰 감사 제목이 어디 있습니까?

청중 결단

강하고 담대하십시오!
무슨 일을 만나든지 부활신앙으로 이겨내십시오.
부활신앙은 죽음 앞에서만 나타나는 것이 아닙니다.

부활신앙은 24시간 무슨 일을 만나도 두려워하지 않고 강하고 담대하게 믿음으로 이겨내는 신앙입니다.

강하고 담대하라!
내가 세상을 이기었노라. 주님의 음성을 믿고 강하고 담대한 신앙으로 다시 무장합시다.

25
Meet God

예수님의 감사는 목적이 있으신 감사입니다. 예수님은 제자들이 예수님의 이 감사를 기억하고 예수님이 다시 오실 때까지 이 감사가 계속되도록 가르쳐 주신 것입니다.

예수님의 감사 4

요 22:14-23

핵심관점 감사

예수님은 제자들과 저녁 식사자리를 가지셨습니다. 그리고 이 자리가 제자들과 나누는 마지막 식사자리임을 말씀합니다.

15-16절 "이르시되 내가 고난을 받기 전에 너희와 함께 이 유월절 먹기를 원하고 원하였노라 내가 너희에게 이르노니 이 유월절이 하나님의 나라에서 이루기까지 다시 먹지 아니하리라 하시고"

하지만 이런 예수님의 심정을 아는 제자는 단 한 사람도 없었습니다. 제자들은 그저 평소처럼 예수님과 식사를 하는 것이라고 여기고 아무도 예수님의 심정을 살펴드리는 자가 없었습니다.

예수님이 말씀 하신 고난이 무엇입니까?

십자가를 지시고 골고다를 오르시며 채찍과 멸시를 받으시는 고난입니다. 백성들의 아우성으로 이리저리 끌려 다니시다가 마침내 십자가에 못 박히시고 운명하시는 고난입니다. 예수님은 당신이 받으실 이 모든 고난의 내용을 모두 알고 계셨습니다. 그래서 제자들과 마지막으로 고별 식사를 원하셨습니다.

평소 예수님이 받으실 고난에 대하여 여러 번 말씀하셨지만 제자들은 단 한 사람도 기억하는 자가 없습니다.

얼마나 답답하셨겠습니까?

이런 예수님의 심정을 아랑곳 하지 않고 먹고 마시고 떠들어대는 일에 정신이 팔려있는 제자들을 보면서 예수님은 어떤 심정이셨을까요?

설교를 이끄는 관점

그런데 17절을 보십시오!

"이에 잔을 받으사 감사기도 하시고 이르시되 이것을 갖다가 너희끼리 나누라"

누군가 예수님께 잔에 마실 것을 부어드렸는지 예수님께서 잔을 드시고 감사기도를 하셨습니다.

* 지금 예수님은 감사기도 드리실 형편이 아닙니다.

평소 같으면 예수님의 감사기도는 복을 비시는 은혜의 시간이었을 것입니다. 하지만 상상하기도 힘든 고난의 시간을 앞두시고 감사를 하시다니 아무리 예수님이시라도 이해가 쉽지 않습니다. 더구나 예수님의 심정도 모르는 자들에게 감사기도는 가당치도 않습니다.

* 그런데 예수님의 감사기도는 한 번이 아닙니다.

19절 "또 떡을 가져 감사 기도 하시고 떼어 그들에게 주시며 이르시되 이것은 너희를 위하여 주는 내 몸이라 너희가 이를 행하여 나를 기념하라 하시고"

이번에는 떡을 가지시고 또 감사기도를 하셨습니다. 잔을 들고 한 번 하셨으면 그만이지 계속해서 떡까지 손에 올려놓으시고 일부러 감사 하시는 이유가 무엇일까요?

* 감사는 즐겁고 행복할 때 터져 나오는 것입니다.

고난과 죽음 앞에서는 감사보다는 한숨과 절망 그리고 비통함에 슬퍼하는 것이 정상입니다. 그렇다면 예수님은 앞으로 당하실 고난과 죽음이 즐겁고 행복하시기라도 하단 말입니까?

다른 시간도 아니고 마지막으로 제자들과 나누는 식사자리에서 거듭해서 감사하시는 예수님의 의도가 무엇인지 궁금하지 않을 수 없습니다.

하나님의 목적으로 해결

예수님의 감사는 목적이 있으신 감사입니다.

예수님은 제자들이 예수님의 이 감사를 기억하고 예수님이 다시 오실 때까지 이 감사가 주님을 따르는 모든 자들에게 계속되도록 가르쳐 주신 것입니다.

예수님께서 계속되기를 원하시는 감사는,

1. 주의 몸을 잊지 않는 감사입니다(19절).

"또 떡을 가져 감사기도 하시고 떼어 그들에게 주시며 이르시되 이것은 너희를 위하여 주는 내 몸이라 너희가 이를 행하여 나를 기념하라 하시고 "

예수님께서 나를 위해 몸을 주시게 됨을 감사하셨습니다.

예수님께서 나를 위하여 몸을 내어주지 않으셨다면 우리는 어찌 됩니까?

영원한 하나님의 진노를 피할 길이 없어서 모두 멸망에 처하게 됩니다. 그런 나를 살리시려고 자신의 몸을 내어 주시면서 나를 살릴 수 있음을 감사하셨습니다. 그러므로 우리도 나를 위해 감사하시면서 내어주신 예수님의 몸을 잊지 않고 감사해야 합니다.

2. 주의 피를 잊지 않는 감사입니다(20절).

"저녁 먹은 후에 잔도 그와 같이 하여 이르시되 이 잔은 내 피로 세우는 새 언약이니 곧 너희를 위하여 붓는 것이라"

예수님께서 나를 위하여 피를 흘려주심을 감사하셨습니다.

이 피는 새로운 언약의 증표입니다. 여기서 언약이란, 누구든지 예수님의 피로 씻음 받은 자는 반드시 구원에 이르게 하신다는 약속입니다.

예수님은 나를 구원하시기 위한 약속을 지키시려고 감사하시면서 피 흘려주셨습니다. 그러므로 나도 예수님의 피를 평생 잊지 않고 감사해야 합니다.

3. 감사를 잃어버린 자는 예수님을 배신하기도 합니다(21-22절).

"그러나 보라 나를 파는 자의 손이 나와 함께 상 위에 있도다 인자는 이미 작정된 대로 가거니와 그를 파는 그 사람에게는 화가 있으리로다 하시니"

예수님과 함께 있던 자 중 한 사람은 예수님을 팔 자임을 알려주셨습니다. 이 사람은 예수님을 배신하는 자입니다. 예수님을 향한 감사가 있었다면 어찌 이런 일을 했겠습니까? 감사를 잃은 자는 무슨 짓이든지 할 수 있습니다.

4. 예수님은 감사로 지상 사역의 교훈을 마무리하셨습니다.

예수님과 마지막 식사를 기억하는 제자들이 이날 예수님의 감사를 예수님이 오실 때까지 계속하도록 당부하셨습니다.

관점으로 청중 적용

사랑하는 여러분!
1. 평생 살면서 잊지 말아야 할 감사들이 있습니다.

* 부모님을 향한 감사입니다.
부모라는 이름만으로도 그분들은 감사의 대상입니다.
부모를 향한 감사를 잊는 자는 자식이 아닙니다.

* 은인들을 향한 감사입니다.
살면서 이런저런 은혜를 입은 사람들에 대한 감사는 당연합니다.
이런 감사들은 우리의 삶을 따뜻하게 합니다.

* 부모가 소중하고 귀한 분이지만, 내게 은혜를 베푼 사람들이 고마운 분들이지만 이분들이 예수님처럼 살을 찢고 피 흘려 나의 영혼의 문제까지 해결하지는 못했습니다.

예수님을 향한 감사가 멈추었거나, 소홀하다면 신앙에 문제가 발생한 것입니다.
나를 향한 예수님의 은혜에 대한 감사를 잊은 것은 내 신앙에서 대단히 큰 문제입니다. 지금 많은 신앙인들은 예수님에 대한 감사를 잃어가고 있습니다. 지금 예수님에 대한 감사가 살아있습니까?

2. 예수님은 이 감사를 주님 오실 때까지 잊지 말라고 하셨습니다.

"너희가 이를 행하여 나를 기념하라 하시고"

이는 계속해서 떡을 먹고, 잔을 마시며 예수님의 감사를 기억하고 잊지 말라는 당부이십니다.

1) 예수님에 대한 감사를 잊은 것은 구원의 감격이 식은 것입니다.
예수님을 향한 감사는 구원의 감격이 살아있다는 증거입니다. 구원의 감격을 잃은 자는 감사할 수 없습니다. 구원의 감격을 잃은 자는 감사 대신 원망과 불평을 합니다.

2) 감사하십시오!
감사는 아주 좋은 신앙습관입니다. 감사하는 자가 감사의 조건들을 누립니다. 감사는 생각이 아니라 표현입니다. 말로 감사하고, 물질로 감사하고, 할 수 있는 모든 것을 다해 감사하십시오.
감사를 시작하면 감사의 열매들이 나타납니다.

3) 예수님은 감사를 원하십니다.
나를 기념하라, 즉 내가 너를 위하여 감사함으로 모든 것을 내어준 것처럼 너도 나에게 감사함으로 나를 기념, 기억하고 감사로 나아오라고 하십니다.

예수께서 감사를 원하시는 것은 더 많은 감사의 결과를 주셔서 영광을 받으시려는 것입니다.

청중 결단

감사절은 얼마의 물질만으로 지켜지는 절기가 아닙니다.
내가 진심으로 감사해야 할 이유를 가지고 나아가는 시간입니다.

예수님을 회복하는 감사가 되기를 소원합니다.
다시 한 번 구원의 감격을 진정한 감사로 표현하는 감사절이 되기를 바랍니다.